Fateme Abbasi

Kreativität im Architekturunterricht

ScienciaScripts

Imprint
Any brand names and product names mentioned in this book are subject to trademark, brand or patent protection and are trademarks or registered trademarks of their respective holders. The use of brand names, product names, common names, trade names, product descriptions etc. even without a particular marking in this work is in no way to be construed to mean that such names may be regarded as unrestricted in respect of trademark and brand protection legislation and could thus be used by anyone.

Cover image: www.ingimage.com

This book is a translation from the original published under ISBN 978-3-659-82719-8.

Publisher:
Sciencia Scripts
is a trademark of
Dodo Books Indian Ocean Ltd. and OmniScriptum S.R.L publishing group

120 High Road, East Finchley, London, N2 9ED, United Kingdom
Str. Armeneasca 28/1, office 1, Chisinau MD-2012, Republic of Moldova, Europe

ISBN: 978-620-3-56776-2

Copyright © Fateme Abbasi
Copyright © 2024 Dodo Books Indian Ocean Ltd. and OmniScriptum S.R.L publishing group

Kreativität in der Architekturvermittlung

Autor: Abbasi Fateme

Inhaltsübersicht

Inhaltsübersicht 2
Kapitel 1 3
Kapitel 2 24
Kapitel 3 33
Kapitel 4 37
Schlussfolgerung 52
Referenzen 55

Kapitel 1
Kreativität
Kreativität

Kreativität gehört zu den Themen, über die viele Diskussionen geführt wurden. Ohne die Bedeutung von Kreativität genau zu klären, wurde der Begriff in verschiedenen Themenbereichen und auch für unterschiedliche Zwecke verwendet; insofern sind einige Forscher nicht der Ansicht, dass es eine genaue Definition für Kreativität gibt. Ausdrücke wie "kreativer Lehrer", "kreativer Schüler", "kreativer Maler" usw. wurden häufig verwendet, aber der Begriff "Kreativität" hat nicht die gleiche Bedeutung für diese Personen. Ein kreativer Lehrer kann jemand sein, der eine Lektion besser präsentiert, aber ein kreativer Maler ist eine Person, die einen neuen Malstil entwickelt hat, und nicht jemand, der mehr künstlerische Bilder gemalt hat. Auch der Begriff des kreativen Schülers hat verschiedene Bedeutungen, und die Lehrer haben nicht dieselbe Vorstellung davon.

Wann immer wir das Wort Kreativität hören, erinnert es uns an große Werke und Meisterwerke berühmter Künstler und Wissenschaftler, aber wir sollten uns daran erinnern, dass Kreativität nicht unbedingt Einfallsreichtum erfordert.

Jeder kann in seiner täglichen Arbeit Kreativität zeigen, aber bei manchen Menschen ist die Kreativität mehr, bei anderen weniger ausgeprägt.

Kreativität ist in jedem Menschen vorhanden, aber diejenige, die weltweit präsentiert werden kann, ist normalerweise mit Genialität verbunden.

Kreativität ist ein interessantes und umstrittenes Thema, zu dem es viele Fragen gibt. Zum Beispiel: Was ist die richtige Definition von Kreativität? Ist sie angeboren oder erworben? Ist sie ein Synonym für Intelligenz? Was ist der Unterschied zwischen Kreativität und Veränderung? Welche Empfehlungen gibt es in Bezug auf Kreativität? Was ist das Merkmal eines kreativen Menschen? Wie können wir Kreativität lehren? Welche Techniken gibt es, um die Kreativität zu steigern? Was sind die Merkmale einer "kreativen Organisation"? Wer sind die Leiter von kreativen Organisationen? Was sind die Merkmale von "kreativen Ausbildungszentren"? Wie können die Schulleiter die Kreativität der Schüler und des Personals verbessern? Welche Rolle spielt der Dozent bei der Förderung der Kreativität der Studenten? Was bedeutet Innovation im Ausbildungssystem? Und welche Schritte müssen in dieser Hinsicht unternommen werden? Wie kann die Kreativität gemessen werden?

Dieses Buch ist so aufgebaut, dass es die oben genannten Fragen in einigen Kapiteln beantwortet, auf die gesondert hingewiesen wird.

Antezedens der Kreativität

In der Vergangenheit war "Kreativität" als Synonym für Intelligenz bekannt. In der Geschichte des antiken Griechenlands hatte "Genie" eine legendäre Bedeutung. Einigen Erzählungen zufolge hatten die Griechen das Wort "Satan" als Synonym für Genialität akzeptiert. Die Griechen glaubten, dass "Satan" ein geistiger Wächter war, der in Körper und Seele der Menschen eindrang und sie mit außergewöhnlichen Fähigkeiten und Empfindungen erfüllte.

Ende des 19.th und Anfang des 20.th Jahrhunderts wurde eine neue Quelle der Kreativität in

Betracht gezogen. Die Vorstellung, dass das Genie oder die außergewöhnlichen Fähigkeiten einer Person von einem äußeren Geist kommen, wurde damals verworfen, aber die Auswirkungen der Idee, dass Kreativität und Genie die gleiche Bedeutung haben, blieben bestehen, und es dauerte ein halbes Jahrhundert, bis die Kreativität wissenschaftlich untersucht wurde. Der Anführer dieser wissenschaftlichen Strömung war Guilford in den Jahren 1959-19661967.

Die Bedeutung der Kreativität

Vielleicht ist es überraschend, aber ein Leben ohne Kreativität ist schwierig und unerträglich. Wenn wir von der Spitze des heutigen Lebens in die Vergangenheit blicken, werden wir feststellen, wie sehr sich das Leben in Bezug auf Ausrüstung und Möglichkeiten verändert hat. Zum Beispiel die Geschwindigkeit der Fortbewegung durch die Erfindung des Flugzeugs, das Reisen zu anderen Planeten oder Unterwasserreisen, all das ist auf die Kreativität der Menschen zurückzuführen. Man kann also sehen, dass die Kreativität kein seltsames Thema ist, das eine Begründung für seine Existenz braucht. Kreativität ist ein mächtiges Talent, das von Kindheit an im menschlichen Körper vorhanden ist. Nach Rogers (1977) ist der Mensch von Natur aus kreativ, aber sie ist nicht von Anfang an entwickelt und braucht Aufmerksamkeit, Anleitung und Training. Die Gesellschaft braucht motivierte, neugierige und kreative Kinder, um sich zu verbessern; sie braucht auch Teenager und junge Menschen, um die Zukunft zu gestalten, und Heranwachsende, die unterstützend und produktiv sind. Ein solcher Zustand wird zu Innovation und Entwicklung führen.

Die Rolle und Bedeutung der Kreativität kann allgemein, individuell und organisatorisch untersucht werden. Sie sind wie folgt:

A) **Rolle und Bedeutung der Kreativität aus allgemeiner Sicht:**

1- Kreativität und Innovation sind die elementarsten und grundlegendsten Eigenschaften des Menschen.

2- Die gesamte menschliche Zivilisation ist das Produkt menschlicher Kreativität und Innovation.

3- Ohne Motivation und Kreativität kann der Mensch nicht überleben.

4- Kreativität ist eines der Hauptziele der Bildung.

5- Kreativität und Innovation verbessern kontinuierlich die Lebensqualität, erhöhen den Wohlstand und verringern die täglichen Probleme.

6- Kreativität und Innovation sorgen für wirtschaftliches Wachstum und wissenschaftliche und technologische Entwicklung.

7- Alle Organisationen, Fabriken, Produktionen und Dienstleistungen, die auf Innovation und Kreativität beruhen.

8- Fortschrittliche Gesellschaften sind kreativer.

B) **Rolle und Bedeutung der Kreativität unter persönlichen Gesichtspunkten:**

1- Die Kreativität und die Innovation werden Talente zum Blühen bringen und zur Selbstverwirklichung führen.

2- Kreativität und Innovation sind wirksam für das Auftreten und die Entwicklung von Fähigkeiten.

3- Kreativität und Innovation durch die Schaffung von geistiger und verhaltensmäßiger Flexibilität spielen eine wichtige Rolle für die Entwicklung der Gesellschaft.

4- Kreativität und Innovation sind die Faktoren für persönlichen, beruflichen und gesellschaftlichen Erfolg.

5- Kreativität und Innovation bieten das Feld für Neugierde, Anstrengung und Gedanken.

6- Kreativität und Innovation werden die geistige Gesundheit der Gesellschaft fördern.

C) Rolle und Bedeutung von Kreativität und Innovation unter organisatorischen Gesichtspunkten:

1- Kreativität und Innovation führen zur Bildung von Organisationen.

2- Kreativität und Innovation werden Produkte und Dienstleistungen entwickeln.

3- Kreativität und Innovation erhöhen die Qualität und Vielfalt von Produkten und Dienstleistungen.

4- Kreativität und Innovation steigern die Qualität von Produkten und Dienstleistungen sowie den Erfolg im Wettbewerb.

5- Kreativität und Innovation verringern die Kosten, Verluste und die Verschwendung von Ressourcen.

6- Kreativität und Innovation steigern die Motivation der Mitarbeiter eines Unternehmens.

Die Definition von Kreativität

"Kreativität bedeutet, dass die prozessualen Elemente für neue Verbindungen in Übereinstimmung mit den spezifischen Anforderungen oder in nützlicher Form gestaltet werden", sagt Mednick.

Ghiselin glaubt: "Kreativität ist die Einführung neuer Qualitäten von Konzepten und Bedeutungen". Vernon ist der Ansicht, dass Kreativität die Fähigkeit ist, Ideen, Theorien, Einsichten, neue Objekte und Rekonstruktionen in der Wissenschaft und anderen Bereichen zu schaffen, die aus Sicht der Forscher wissenschaftlich und gesellschaftlich wertvoll sind, aber auch in Bezug auf Ästhetik und Technologie.

Trotzdem ist die Definition von Kreativität nicht unumstritten. In einigen anderen Definitionen wird Kreativität mit Problemlösung gleichgesetzt, die in verschiedenen künstlerischen, wissenschaftlichen und sozialen Formen auftritt.

Nach Weisberg findet Kreativität statt, wenn ein Individuum eine neue Lösung für ein Problem findet, dem es gegenübersteht.

Im Hinblick auf die vielfältigen Definitionen und Interpretationen von Kreativität kann gesagt werden, dass eine umfassende Definition von Kreativität, wenn nicht unmöglich, so doch äußerst schwierig ist. Kreativität ist ein allgemeiner Begriff und zeigt nicht unbedingt ein bestimmtes Ereignis oder eine bestimmte Qualität. In der Tat ist die Kreativität das Ergebnis von persönlichen Faktoren, Prozessen und Produkten, die in einem sozialen Umfeld interagieren.

Der wichtigste Kern oder gemeinsame Faktor aller Definitionen von Kreativität ist "etwas Neues und Wertvolles zu schaffen". Wir können also sagen, dass es darum geht, etwas Neues und Einzigartiges zu schaffen, das einen nützlichen Weg zur Lösung eines Problems oder zur Beantwortung wissenschaftlicher, industrieller und sozialer Fragen darstellt.

Was bei der Schaffung neuer Dinge und Entwürfe und dem gesamten Kreativitätsprozess wichtig ist, ist das Denken, denn es ist eine geistige Tätigkeit. Aus diesem Grund werden im Folgenden die Arten des Denkens definiert und einige damit zusammenhängende Themen in gewissem Umfang angesprochen.

Nachdenken
Eines der einzigartigen Merkmale des Menschen ist seine Denkfähigkeit. Das Denken unterscheidet den Menschen von anderen Lebewesen. Das Denken hat dem Menschen bei der Nachhaltigkeit und der Bewältigung von Problemen geholfen, um im Vergleich zu anderen Lebewesen zu überleben und einige große Zivilisationen und Kulturen zu schaffen. In den komplexen Gesellschaften von heute wird der Mensch ernsthafte Probleme bekommen, wenn er dieses Talent nicht richtig nutzt und nicht weiß, wie er es stärken kann. Dementsprechend ist eines der wichtigsten Themen in der Psychologie, insbesondere der kognitiven Psychologie, das Lernen und Denken, in dem Fragen wie die Definition des Denkens, Möglichkeiten der Stärkung und Entwicklung des Denkens wissenschaftlich diskutiert werden.

Im Bereich der Bildung wird dem Thema Denken mehr Aufmerksamkeit geschenkt. Denn der eigentliche Zweck der Bildung besteht darin, den Menschen zu befähigen, klar, logisch und konstruktiv zu denken, damit er die Probleme des Lebens lösen und die Erfahrungen nutzen kann, um in der Zukunft erfolgreich zu sein. Sehen wir uns nun an, was Denken ist und welche Methoden es gibt. Denken im weitesten Sinne des Wortes bedeutet die Suche nach Verständnis und Bewusstsein. Ein Verstehen, das sich auf das vorhandene Wissen und dessen Bewertung sowie auf die Produktion von neuem Wissen konzentriert.

"Denken ist ein sehr komplexes menschliches Verhalten und die höchste Form der geistigen Aktivität. Denken ist ein Prozess, bei dem der Mensch versucht, die Probleme zu erkennen, mit denen er konfrontiert ist, und seine früheren Erfahrungen zu nutzen, um sie zu lösen", sagt Shariatmadari (1988).

Methoden des Denkens
Das Denken erfolgt auf zahlreiche Arten. Rezaei hat die Denkmethoden wie folgt unterteilt:

1) Beiläufiges Denken: Bei dieser Art des Denkens werden künftige Ereignisse vorhergesagt und ihre Ursachen durch die Analyse der Ursachen und Ergebnisse von Ereignissen analysiert, anstatt Probleme in die Zukunft zu verlagern.

2) Induktives Denken: Schlussfolgerungen auf der Grundlage verschiedener verfügbarer Datenelemente, um zu einem allgemeinen Ergebnis oder Prinzip zu gelangen.

3) Analoges Denken: Diese Methode ist genau das Gegenteil des induktiven Denkens; durch die Verallgemeinerung der wichtigsten Schlussfolgerungen auf spezifische Fälle werden spezielle Ergebnisse erzielt.

4) Beurteilendes und analytisches Denken (um ein Problem zu lösen): Bei dieser Methode gehen die Menschen die realen Informationen über jede Situation durch, um das Problem zu definieren, und nach der rationalen Analyse der Realität entdecken sie sinnvolle Beziehungen zwischen ihnen und entscheiden schließlich über das Problem.

5) Kreatives Denken: Ist eine Art des Denkens, bei der sich der Verstand intensiv mit einem

Thema beschäftigt; er visualisiert und klärt das Thema und versucht, es zu verändern, um das Ergebnis des Denkens anzupassen oder neue Konzepte zu erhalten.

Shariatmadari (1988) unterscheidet bei der Erläuterung der Arten des Denkens zwischen kreativem Denken und normalem Denken oder Problemlösen und sagt, dass eine Person beim normalen Denken in der Lage sein kann, ein spezielles Problem zu entdecken. Nehmen wir an, Sie bitten eine Person, ein mathematisches Problem zu lösen. Beachten Sie auch, dass es für dieses Problem mehrere Lösungen gibt und eine davon das Problem schneller lösen wird. Die Person versucht, das genannte Problem wie üblich richtig zu verstehen, seine Informationen und Annahmen zu ermitteln, ihre Beziehungen zu verstehen und durch die Organisation der Annahmen die Lösung zu finden. Bei diesem Prozess hat er das Denken eingesetzt. Das, was er entdeckt hat, stand von Anfang an fest, aber wenn diese Person eine neue Lösung entdeckt (vorausgesetzt, es gibt eine solche Lösung) und sich dafür entscheidet, sie zu verwenden, ist ihr Denken in diesem Fall von kreativer Seite.

Was normales Denken von kreativem Denken unterscheidet, ist die Originalität und Frische einer Meinung oder einer Hypothese, die eine innovative Person vertritt. Beim normalen Denken nutzt die Person in der Regel ihre früheren Erfahrungen, ordnet sie in neue Bereiche und Muster ein und nutzt sie durch Umformung und Reorganisation zur Lösung der Probleme.

Beim kreativen Denken ziehen ungewöhnliche und unübliche Wege die Aufmerksamkeit der Person auf sich. Die Person kann eine neue Frage stellen oder eine ganz ungewöhnliche Hypothese aufstellen.

Als kreativ und innovativ werden in der Regel Menschen bezeichnet, die in verschiedenen Bereichen des menschlichen Wissens neue Fragen aufwerfen und neue Ideen entwickeln oder neue Lösungen für Probleme in diesen Bereichen vorschlagen. Ein Komponist erfindet vielleicht ein neues Lied. Ein Autor kann einen neuen Schreibstil kreieren. Ein Mathematiker oder Physiker macht vielleicht eine neue Entdeckung in seinem Fachgebiet.

Jeder der oben genannten Menschen ist kreativ und innovativ, auch wenn die Auswirkungen ihrer Erfindungen auf den Fortschritt der menschlichen Zivilisation unterschiedlich sind.

Shoarinezhad (1992) glaubt: Kreatives Denken ist ein Talent und die Fähigkeit, neue und wichtige Beziehungen in den bestehenden Ideen und Phänomenen zu erkennen; oder die Fähigkeit, neue Beziehungen, neue Wege, neue Lösungen oder sogar neue Themen zu finden.

Schritte des kreativen Denkens

Bei der Schaffung und Förderung von Innovation und Kreativität gibt es in der Regel einige Schritte, die nicht als wissenschaftliche und ausformulierte Methode zu verwenden sind, aber als Leitfaden für Menschen überall nützlich sein können.

Osborne glaubt, dass der kreative Problemlösungsprozess drei Hauptschritte und sechs Unterschritte umfasst, die da wären

1) Tatsachenfeststellung (einschließlich Problemdefinition und Vorbereitung)
2) Ideenfindung (einschließlich Ideenfindung und -entwicklung)
3) Lösungsfindung (einschließlich Bewertung und Auswahl)

Nach der Durchsicht von Biografien kreativer Menschen ist Wallas der Ansicht, dass kreatives

Denken vier Schritte umfasst:
1) Vorbereitungsschritt: Bei diesem Schritt handelt es sich um ein zielgerichtetes Studium auf der Grundlage früherer Erfahrungen, bei dem die Person versucht, das Problem zu klären und in seine einzelnen Bestandteile zu zerlegen.
2) Latenzphase: In dieser Phase kommen der Person verschiedene Lösungen in den Sinn und sie kann sich nicht für die richtige entscheiden.
3) Schritt der Klärung: Dieser Schritt ist das plötzliche Auftreten einer Lösung.
4) Unterscheidungs- und Überarbeitungsschritt: In dieser Phase< wird die gefundene Lösung überarbeitet. (Shoarinezhad, 1991)
Boroumand (1995) unterteilt einen kreativen Prozess in die folgenden fünf Schritte:
1) Das Problem verstehen.
2) Bereitstellung von Informationen.
3) Vervielfältigung.
4) Einsicht und Erleuchtung.
5) Handhabung und Anwendung.
Albrecht (1987) bietet weitere praktische und effektive Kreativitätsschritte an. Diese fünf Schritte sind wie folgt: Aufnahme von Informationen, Inspiration, Prüfung, Verfeinerung und Präsentation.
Albrecht glaubt, dass ein kreativer Mensch die ihn umgebenden Informationen aufnimmt und verschiedene Ansätze sucht, um das Problem zu untersuchen. Wenn der kreative Geist aus Rohdaten akkumuliert wird, beginnt er unmerklich zu arbeiten und bietet nach der Analyse und Synthese von Informationen einen Ansatz für das Problem.
In einem Stadium, das als Inspiration bezeichnet wird, hat der Kreative das Gefühl, dass der richtige Ansatz gefunden wurde. Nach der Aneignung des neuen Ansatzes testet der Kreative ihn, um zu sehen, ob er erfolgreich ist oder nicht, dann wird die notwendige Verfeinerung vorgenommen und am Ende wird das kreative Denken präsentiert.
Kreative Organisationen sind sich bewusst, dass der Mensch in der Absorptionsphase des Kreativitätsprozesses viel freie Zeit, Freiheit und die Erlaubnis braucht, sich außerhalb seiner Arbeitsgrenzen umzusehen, und dass für die Inspirationsphase keine strenge Kontrolle erforderlich ist.
In der Prüfungsphase unterstützt die Unternehmensleitung kreative Menschen durch die Bereitstellung von Ausrüstung und Einrichtungen, um schneller und bequemer zum gewünschten Ergebnis zu gelangen. In der Phase der Verfeinerung und Präsentation werden die Motivation und die Risikobereitschaft der Mitarbeiter durch schnelle Reaktionen und die Förderung unfertiger und ungeplanter Projekte gesteigert.

Konzepte im Zusammenhang mit Kreativität
Geheimdienst
Zum Thema Intelligenz und Kreativität und ihren Beziehungen wurden viele Studien durchgeführt und verschiedene Theorien vorgeschlagen. "Kreativität kann durch einige geistige Fähigkeiten beschrieben werden, die zur Produktion kreativer Werke führen. Die wichtigste

davon ist das divergente Denken", sagt Seyf (1989). Guilford (1950-1959-19620) drückte seine Theorie der mentalen Konstruktion wie folgt aus: Das wichtigste Merkmal des kreativen Denkens ist seine Divergenz. Er hat die Denkweisen der Menschen in zwei Kategorien unterteilt: divergentes und konvergentes Denken im Allgemeinen. Das Ergebnis des konvergenten Denkens ist eine eindeutige Schlussfolgerung, aber beim divergenten Denken gibt es keine sichere Antwort. Und es gibt viele Antworten, von denen logischerweise jede wahr sein kann. Guilford hat divergentes Denken an drei Merkmalen erkannt: Flexibilität, Originalität und Geläufigkeit. Da die Intelligenz mehr mit den spezifischen Antworten verbunden ist, stimmt sie mit dem konvergenten Denken in Guilfords Theorie überein. Der Unterschied zwischen diesen beiden Denkweisen lässt sich in der Tabelle (1) zusammenfassen
(Besis und Jaoui übersetzt von Sarvari)

Tabelle 1: Unterschiede zwischen konvergentem Denken und divergentem Denken.

Konvergentes Denken	Divergentes Denken
-Problem ist begrenzt	-Problem ist groß und umfassend
-Obligatorische Angaben	-Angaben sind nicht obligatorisch
-Umgehende Lösung des Problems	-Lösung des Problems durch Versuch und Irrtum
-Einmalige Lösung	-Unterschiedliche Lösungen
-Eingeschränkte Suche	-Umfassende und unbegrenzte Suche
-Kriterien für den Erfolg sind entscheidend und notwendig	-Erfolgskriterien sind vage und nicht sehr präzise

Movasaghi (2001) sagt: Obwohl Intelligenz und Kreativität fast gleich aussehen, unterscheiden sie sich in Bezug auf die geistigen Spezifikationen, denn als intelligent wird jemand bezeichnet, der durch die Nutzung von Informationen, die durch Erfahrung gewonnen wurden, den besten Weg zur Lösung von Problemen finden kann. Die "Kreativität" ist der Besitz von Wissen, das im Verstand erworben wurde, um neue Formen des Verstandes zu schaffen, die bereits im Kopf existieren und auf Vorstellungskraft beruhen.

Laut Torence (1975) und Goodbrafi (1977) ist die Korrelation zwischen Intelligenz- und Kreativitätstests gering, und dementsprechend lässt sich das Ausmaß der Kreativität nicht anhand von IQ-Werten bestimmen. Diese Situation besteht auch zwischen Kreativität und akademischer Leistung, da die akademische Leistung eng mit der Intelligenz verbunden ist. (Seyf, 1989)

In einer von Getzels und Jackson (1952) durchgeführten Untersuchung an High-School-Schülern stellten sie fest, dass kreative Schüler nicht unbedingt zu den intelligentesten Schülern gehören. Daraus ergibt sich, dass Kreativität und Intelligenz nicht viel miteinander zu tun haben. (Hosseini, 1999)

Hohe Intelligenz führt nicht unbedingt zu hoher Kreativität, aber niedrige Intelligenz verhindert Kreativität. Die Fähigkeit einer kreativen Person hängt wahrscheinlich von ihrer Intelligenz ab, aber das bedeutet nicht, dass es keine nicht-intelligenten Personen gibt oder dass alle intelligenten Personen unbedingt kreativ sind.

Die positive Korrelation zwischen Intelligenz und Kreativität ist darauf zurückzuführen, dass beide davon abhängen, akzeptable Informationen zu gewinnen. Kreativität findet nicht im luftleeren Raum statt, sondern sie nutzt die Informationen, die zuvor gelernt wurden, und dies hängt von den geistigen Fähigkeiten der Person ab. Daher ist zu erwarten, dass ein kleines Baby zu einem kreativen Kind wird, wenn es keine Hindernisse gibt.

Problemlösung
Einige Wissenschaftler glauben, dass Kreativität ein Synonym für Problemlösung ist. Robert Gonieh (1977-1984) ist der Ansicht, dass Kreativität eine besondere Art des Problemlösens ist. Gesif Mayer (1983) und Weisberg (1986-1995) sagen, dass Kreativität das Lösen von Problemen ist, die man vorher nicht gelernt hat. Trotz der großen Ähnlichkeit zwischen Kreativität und Problemlösung sind sie in mancher Hinsicht unterschiedlich. (Hosseini, 1999) Das Lösen von Problemen ist eine Fähigkeit oder ein Vermögen, neue Aufgaben zu bewältigen. Es ist eine weit verbreitete Meinung, dass das Lösen von Problemen eine Art von Kreativität ist, aber es ist gut zu wissen, dass Kreativität mehr ist als das Lösen von Problemen. Kreativität bedeutet, eine neue Lösung zu finden, mit anderen Worten, sie geht über das gewöhnliche Lernen hinaus. Laut Broner (1966) konzentrieren sie sich nämlich im Gegensatz zum Problemlösungsprozess nicht nur auf eine Lösung. (Pirkhayefi, 2000)
Seyf (1989) sagt, dass: Problemlösung ist eine eher physische Aktivität als Kreativität und hat ein spezifischeres Ziel als diese, was bedeutet, dass Problemlösung auf Fakten basiert, während Kreativität persönlicher ist und auf Intuition und Vorstellungskraft beruht. Mit anderen Worten, bei der Problemlösung steht man einer Situation gegenüber, für die man eine Lösung finden muss, aber bei der Kreativität müssen sowohl die Problemsituation als auch die Lösung von der Person selbst geschaffen werden.
Getzels (1975) sagt in diesem Zusammenhang: Es ist besser, Kreativität als das Finden von Problemen und nicht als deren Lösung zu definieren (Shabani, 2003). Ein wichtiges Merkmal der Kreativität, das sie von der Problemlösung unterscheidet, sind neue Ergebnisse des kreativen Denkens.
Erfindung
Kreativität und Erfindung sind eng miteinander verbunden. Ein kreativer Mensch ist derjenige, der neue Ideen hat und nach einer neuen Lösung für ein Problem sucht, die er aber noch nicht gefunden hat. Der Schöpfer von neuen Wegen und Lösungen ist der Erfinder. Ein Erfinder ist also jemand, der ein Produkt oder eine Methode zum ersten Mal erfindet.
Erstellung
Schöpfung bedeutet, etwas aus dem Nichts zu erschaffen oder zu machen, und ist nur auf den allmächtigen Gott anwendbar. Denn er erschafft alles aus dem Nichts ohne jedes Muster, während die Schöpfung des Menschen Mustern vorausgeht, vor allem der Natur.
Nach psychologischen Definitionen unterscheiden sich Innovation und Kreativität nicht sehr stark, wenn der Zweck der Innovation die menschliche Schöpfung ist, die der Erfindung näher steht.
Neuheit bedeutet nicht, eine neue Sache zu erschaffen, sondern eher, die Zeit zu zeigen, mit anderen Worten, jede neue Sache ist keine Schöpfung, aber jede Schöpfung hat eine neue Sache an sich. Zum Beispiel putzen wir uns jeden Tag die Zähne neu, was keine Innovation bedeutet. Vielmehr ist es besser zu sagen, dass Schöpfung Neuheit und Wert ist.
Wert + Neuheit = Kreativität

Innovation

Innovation bedeutet, neue und kreative Ideen in die Tat umzusetzen, mit anderen Worten: Innovation bedeutet, Produkte, Verfahren und neue Dienstleistungen auf den Markt zu bringen. Ein Innovator ist derjenige, der die Verwendbarkeit und Kosteneffizienz eines erfundenen Produkts untersucht und es, wenn möglich, auf den Markt bringt.

Unternehmertum

Unternehmertum ist der Prozess des Erkennens wirtschaftlicher Chancen und der Gründung neuer Unternehmen, um diese Chancen zu nutzen. (Manteghi, 2000) Organisatorisches Unternehmertum ist ein Prozess, in dem Produkte und Prozesse durch Induktion oder eine unternehmerische Innovationskultur in einer bereits etablierten Organisation entstehen.Der Unternehmer ist derjenige, der es auf sich nimmt, eine wirtschaftliche Tätigkeit zu organisieren, zu leiten und die Risiken dafür zu übernehmen.

Die Beziehung zwischen Kreativität, Innovation und Unternehmertum

Im Grunde genommen ist Kreativität als das Wesen des Unternehmertums bekannt. Unternehmertum bedeutet, durch die Gründung eines Unternehmens oder einer Organisation Werte zu schaffen. Kreativität wirkt sich auf verschiedene Weise auf das Unternehmertum aus, weshalb es ein Konzept der unternehmerischen Kreativität gibt. Unternehmertum ist eine typische Form der Innovation und besteht in der erfolgreichen Umsetzung kreativer Ideen zur Schaffung eines neuen Unternehmens oder einer neuen Initiative innerhalb eines bestehenden Unternehmens.

Der Unterschied zwischen Kreativität, Innovation und Unternehmertum

Obwohl Kreativität, Innovation und Unternehmertum eng miteinander verbunden sind, gibt es doch einige Unterschiede zwischen ihnen. Kreative Menschen können neue Phänomene entdecken oder neue Dinge schaffen, aber sie sind nicht in der Lage oder nicht daran interessiert, aus ihren Entdeckungen und Innovationen eine Produktion oder Dienstleistung zu machen. Innovative Menschen entdecken nicht nur neue Phänomene, sondern sind auch in der Lage, ihre Erfindungen/Entdeckungen in neue Produkte oder Dienstleistungen umzuwandeln und sie auf dem Markt zu präsentieren, um damit Geld zu verdienen, während ein Unternehmer nicht nur in der Lage ist, seine Erfindungen und Entdeckungen in Produkte oder Dienstleistungen umzuwandeln und sie dann in Wert umzuwandeln, sondern auch die Ideen, Erfindungen und Entdeckungen anderer Menschen in Wert umzuwandeln.Ein Erfinder arbeitet mit Ideen und Konzepten, um sie in tatsächliche Muster umzusetzen. Ein Innovator arbeitet mit Methoden, Programmen und Systemen und versucht, die Muster in Produkte oder kommerzielle Dienstleistungen umzuwandeln. Ein Unternehmer befasst sich mit Chancen, Risiken und Werten und versucht, einen potenziellen Markt für Ideen oder Produkte zu erkunden oder zu schaffen. (Ahmad Pourdariani und Azizi, 2004).

Tabelle 2: Die folgende Tabelle zeigt den Unterschied zwischen einem Denker, Innovator und Unternehmer

Denker	Hohe Fähigkeit, Ideen zu entwickeln.
Erfinder	Hohe Fähigkeit, eine Idee in eine praktische Idee umzusetzen.
Innovator	Hohe Fähigkeit, praktische Ideen in Waren und Dienstleistungen umzusetzen.
Unternehmer	Hohe Fähigkeit, Ideen, Waren oder Dienstleistungen von sich oder anderen in Wert zu verwandeln.

Komponenten der Kreativität

Wenn wir über die Komponenten der Kreativität sprechen, geht es um die Elemente, die Kreativität ausmachen. Kreativität hat einige Elemente und Komponenten, die sie ausmachen, und es gibt eine Beziehung zwischen ihnen. Amabelli (1983-1993) geht davon aus, dass Kreativität aus 3 Elementen besteht: Fähigkeiten in Bezug auf das Gebiet oder den Gegenstand, Fähigkeiten in Bezug auf die Kreativität und Motivation.

A) Fachbezogene Fertigkeiten: Diese Fähigkeiten bestehen aus der Kenntnis und dem Verständnis des Themas, der Fakten, Grundsätze, Theorien und Ideen, die damit zusammenhängen. Diese Fähigkeiten sind das Rohmaterial für Talent, Erfahrung und Ausbildung in einem bestimmten Bereich. Offensichtlich ist Kreativität nur in einem Bereich möglich, über den man einige Informationen hat (z. B. Kernphysik oder Chemie).

B) Fertigkeiten im Zusammenhang mit Kreativität: Thematische Fähigkeiten können auf eine neue Art und Weise genutzt werden, indem die Form durch kreative Fähigkeiten aufgebrochen wird. Kreative Fähigkeiten, die mit dem Durchbrechen von Gewohnheiten, dem Verständnis der Komplexität, einer anderen Sichtweise von Themen, intellektuellen Werten, dem Aufschieben von Urteilen und Bewertungen usw. verbunden sind.

C) Fähigkeiten im Zusammenhang mit der Motivation: Eines der wichtigsten Elemente der Kreativität ist die Motivation. Ohne interne und externe Motivation kann man keine kreative Arbeit leisten. Empirische Untersuchungen legen nahe, dass die intrinsische Motivation eine konstruktivere Rolle für die Kreativität spielt. Um Kreativität zu fördern, müssen wir den Menschen helfen, den Ort zu erkennen, an dem sich ihre Motivation, Interessen und Fähigkeiten treffen. Dieser Ort ist ein starker Hinweis auf die Möglichkeit von Kreativität. Das folgende Diagramm zeigt diesen Ort.

D)

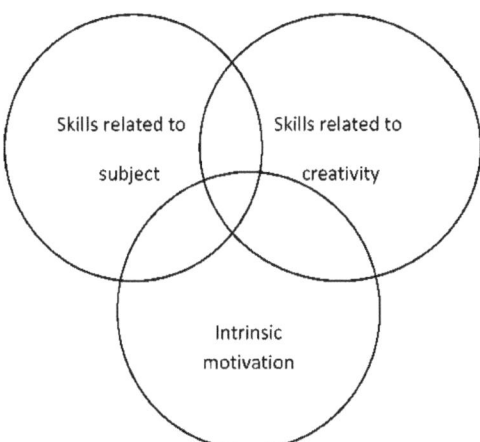

Abbildung 1: Art der:Fähigkeiten

In diesem Zusammenhang teilt Pirkhayefi (2000) die Komponenten der Kreativität in drei Kategorien ein: Kognitiv, motivational und Persönlichkeit.
Die kognitive Komponente der Kreativität umfasst: Intelligenz, Fluidität, Expansion, Flexibilität, Originalität, Komposition, Analyse.
Motivierende Elemente der Kreativität sind Motivation und Emotion.
Zu den Persönlichkeitskomponenten der Kreativität gehören: Selbstvertrauen, unabhängiger Wille, Risikobereitschaft, Akzeptanz von Erfahrungen, Akzeptanz von Unsicherheit und Kampf.
Aus den Studien geht hervor, dass jeder der Experten aus seiner Sicht bestimmte Elemente für Kreativität hält.
In einem vergleichenden und umfassenden Ansatz können die Grundelemente der Kreativität wie folgt beschrieben werden:
1) Motivation: Kreativität steht in enger Beziehung zur Motivation. Motivation kann als die treibende Kraft menschlicher Aktivität und als die Macht seines Kreativitätsflusses betrachtet werden. Die Motivation für die Kreativität ist vergleichbar mit dem Motor und dem Lenkrad für das Auto. In diesem Vergleich sind der menschliche Geist und seine Richtungsfindung die wichtigsten Konzepte der Kreativität. Betrachtet man das Leben sehr kreativer Menschen, so wird deutlich, dass sie einen großen Anreiz haben, originelle Werke anzubieten. Kreative Menschen in allen Berufen haben die Tendenz, mehr Arbeitsplätze zu schaffen und länger als ihre Altersgenossen Arbeit zu liefern.
2) Talent: Einer der wichtigsten Faktoren für Kreativität ist Talent. Gewöhnliche Menschen, die kein angemessenes intellektuelles Talent haben, können keine neuen und kreativen Ideen präsentieren.
Ideen. Obwohl in der Diskussion über Kreativität gesagt wird, dass eine hohe Intelligenz nicht so effektiv ist, ist eine durchschnittliche Intelligenz für Kreativität und Innovation notwendig.
3) Anstrengung und Beharrlichkeit: Kein Phänomen im Bereich der Kreativität und Innovation kann durch Beharrlichkeit und Ausdauer ersetzt werden. Beharrlichkeit bedeutet, dass

man mit Engagement, harter Arbeit und anhaltender Anstrengung mit Hindernissen und Problemen konstant und unermüdlich an seinem Ziel festhält. Die meisten Menschen, die im Bereich der Ideenfindung tätig sind, sind gute Einsteiger, aber keine guten Verarbeiter. Fleiß in der Kreativität ist so wichtig, dass gesagt haben, nur zehn Prozent ist aufgrund von Inspiration und neunzig Prozent ist aufgrund von Anstrengung.

4) Wissen und Information: Wissen ist einer der grundlegenden Faktoren der Kreativität und gilt als deren Rohstoff. Wenn ein Pol der Kreativität als geistige Aktivität betrachtet wird, sind der andere Pol Daten und Informationen von Objekten und Dingen. "Kreativität ist eine Fähigkeit, die spärliche Informationen miteinander verbinden kann", sagt William. Kombinieren Sie neue Informationsfaktoren in neuer Form und frühere Erfahrungen mit neuen Informationen, um einzigartige Antworten zu finden.

5) Erfahrung: Kreatives Denken entsteht nicht im luftleeren Raum, sondern wird von Situationen und Bedingungen beeinflusst. Eine dieser Bedingungen ist die Erfahrung. Die Erfahrung umfasst eine Reihe von Ressourcen und intellektuellen Konzepten, die durch die wechselseitige Verbindung mit der (natürlichen und sozialen) Umwelt erreicht werden können. Daher haben Menschen, die mehr Erfahrung in bestimmten Bereichen haben, ein größeres Potenzial für neue Ideen.

6) Vorstellungskraft und Phantasie: Die Grundlage des kreativen Denkens ist die Vorstellungskraft. Wir alle haben die Fähigkeit, verschiedene Bilder (Nachfolger, Vorhersagen, Konstruktionen und Vermutungen) in unserem Kopf zu erzeugen. Mit kreativer Visualisierung können Sie den Eindruck von Kreativität und Erfolg erzeugen. Sie können das Bild des Erfolgs in tatsächlichen Erfolg umwandeln. In der Vorstellungskraft, in der man frei und ohne Zwänge visualisieren kann, kann Kreativität erreicht werden. Kreatives Denken ist in der Tat eine große Form der freien Vorstellungskraft. Um die Grundform der Kreativität zu visualisieren, beachten Sie bitte die folgende Form:

Tabelle 3: Komponenten der Kreativität

Wie aus dem Diagramm ersichtlich, ist die menschliche Kreativität in seinem Wissen und seiner Erfahrung verwurzelt und wird auf der Grundlage der Vorstellungskraft aktiviert. Die wichtigste Grundlage der menschlichen Kreativität ist das Streben nach neuen und innovativen Lösungen und Ergebnissen.

Der Grad der Ausdauer und Anstrengung eines Menschen wiederum wird von einem wichtigen Hintergrund beeinflusst, der sich aus seinen Motivationen ergibt. Die Beziehung zwischen den diskutierten Faktoren wird in der folgenden Gleichung deutlich.

Kreativitätskraft = Motivation x Anstrengung x Vorstellungskraft + (Wissen + Erfahrung)

Kreativität, ein trainierbares Talent

Eine der Fragen, die viele Forscher und Wissenschaftler in den letzten vier Jahrzehnten beschäftigt hat und zu umfangreichen Forschungen geführt hat, lautet: Ist es möglich, Kreativität zu fördern? Ist Kreativität eine angeborene Eigenschaft oder wird sie von sozialen Faktoren beeinflusst? Wie bei vielen anderen Themen in Ethik und Psychologie gibt es auch hier gegensätzliche Ansichten.

Die Überprüfung der früheren Forschungen von Mac Kenin (1968), Mansfido bas (1981), Katel und Pucher (1968) zeigt, dass die Anhänger der Theorie der Originalität des Wesens glauben, dass es sich um eine Fähigkeit und eine potenzielle Eigenschaft handelt, aber einige führende Denker wie (Terman 1925, Cocks 1926, Galten 1869) glaubten, dass, obwohl Kreativität wie Intelligenz angeborene Aspekte hat, dennoch einige Umweltfaktoren sie beeinflussen können.

Neuere Forschungen wie (Boodo 1979, Torence 1972, Parenz 1963, Dibeno 1970, Feldhyosen und Klinkenbird 1968) zeigen, dass Kreativität in allen persönlichen und gruppendynamischen Aktivitäten der Menschheit und potentiell und trainierbar in jedem Menschen hoch und niedrig vorhanden ist.

Heutzutage ist es erwiesen, dass das Kreativitätstalent ähnlich wie das Gedächtnis des Menschen beliebt ist und durch die Anwendung bestimmter Prinzipien und Techniken sowie die Schaffung einer neuen Mentalität und eines geeigneten Umfelds entwickelt werden kann.

Robert Epstein sagt: "Nach zwanzig Jahren Forschung und Untersuchung zu diesem Thema habe ich herausgefunden, dass alle Menschen über Kreativität verfügen und es da keine Ausnahme gibt. Daher kann die Gabe der Kreativität gefunden werden, indem man sie nicht nutzt, oder sie kann entwickelt werden, indem man Aktivitäten durchführt, um sie zu fördern.

Nach den neuesten Studien und Forschungen über Kreativität und die genannten Themen sind die folgenden Punkte sehr wichtig, um Kreativität zu verstehen und zu entwickeln:

- Kreativität ist ein Prozess und nicht ein Ergebnis oder Produkt.
- Kreativität ist eine Form des Denkens und hat nicht die gleiche Bedeutung wie Intelligenz.
- Die schöpferische Fähigkeit hängt von der Erlangung eines akzeptablen Wissens in dieser Hinsicht ab.
- Kreativität ist ein dehnbares Phänomen.
- Kreativität entsteht durch divergentes Denken.
- Kreativität geht einher mit Selbstvertrauen und Unabhängigkeit im Denken.
- Kreativität ist Neugier und der Wunsch, viele Dinge zu erfahren und zu erleben.

- Kreativität ist durch Sensibilität und Verständnis für die Problematik erweiterbar.
- Kreativität wächst durch Experimentieren, Erforschen und Erfahrung.
- Kreativität ist eine Form der kontrollierten Vorstellungskraft.
- Kreativität führt zur Produktion von neuen, anderen Dingen, also zur Produktion von einzigartigen Dingen.

Arten von Kreativität

Kreativität kann sich in jedem Alter und in jedem Bereich entfalten. Je nach Thema und Ergebnis können verschiedene Arten von Kreativität wie folgt unterteilt werden:

1) Wissenschaftliche Kreativität: Kreativität in jedem Bereich der Wissenschaft kann als wissenschaftliche Kreativität bezeichnet werden. Entdeckungen und wissenschaftliche Theorien wie Physik, Chemie, Psychologie, Wirtschaftstheorien usw. können als wissenschaftliche Kreativität betrachtet werden. Daher gibt es je nach wissenschaftlichem Fachgebiet verschiedene Arten von Kreativität, wie z. B. Kreativität in der Chemie, in der Mathematik usw.

2) Technologische Kreativität: Kreativität in praktischen und technischen Aspekten der Wissenschaft oder auch Kreativität in der Technologie kann als technologische oder ingenieurtechnische Kreativität bezeichnet werden. Technologische Kreativität bedeutet, neue Entwürfe und Gedanken im praktischen Bereich der Wissenschaft zu entwickeln oder neue Lösungen für technische und ingenieurtechnische Probleme zu finden, einschließlich Software und Hardware.

3) Industrielle Kreativität: Unter industrieller Kreativität versteht man Innovationen im Bereich der Hardware- und Softwaretechnologie eines Industrieunternehmens. In Industrieunternehmen wird die Kreativität in der Hardwaretechnologie in der Regel als "technologische Innovation" und die Kreativität in der Organisation und im Managementsystem als "organisatorische Kreativität" bezeichnet. Industrielle Kreativität und Innovation lassen sich in vier allgemeine Kategorien einteilen: Grundlegende Kreativität und Innovation, verarbeitete Kreativität und Innovation, produktive Kreativität und Innovation, Kreativität und Innovation im Marketing.

4) Kreativität der Artikel: Artikelkreativität ist Kreativität in jedem künstlerischen Bereich.

5) Tägliche Kreativität: Die Kreativität, die jeder Mensch in seinem täglichen Leben hat, um Probleme zu lösen und alltägliche Aktivitäten auszuführen.

6) Kinderkreativität: Der Zweck der Kinderkreativität ist das kreative theologische und praktische Handeln, das Kinder auf unterschiedliche Weise zeigen können. Mit anderen Worten: Kinderkreativität kann als tägliche Kreativität von Kindern verstanden werden.

Grade oder Stufen der Kreativität

Kreative Produkte werden nach verschiedenen Qualitätsstufen klassifiziert. Tiller hat nach Recherchen und Untersuchungen über die Produkte des menschlichen Denkens und ihre Qualität fünf Stufen für die Kreativität festgelegt (siehe unten). (Mir Ghidari, 2003)

1) Expressive Kreativität: Diese Art von Kreativität ermöglicht es dem Menschen, sich

auszudrücken und sich frei zu äußern. Das plötzliche Malen von Kindern und ihre Initiative beim gemeinsamen Spielen oder mit ihren Spielsachen wird als diese Art von Kreativität angesehen, wobei die Qualität des Produkts nicht so wichtig ist, aber dieser Ausdruck ist notwendig, um die Kreativität in höheren Klassenstufen zu zeigen.

2) Produktive Kreativität: Auf dieser Stufe wird die Person große Anstrengungen unternehmen und gleichzeitig zielgerichtet eine neue Sache produzieren oder ein Problem lösen.

3) Erfinderische Kreativität: Diese Art von Kreativität wird mit der Fähigkeit einer Person identifiziert, eine Situation zu analysieren und eine neue Kombination aus bekannten Elementen zu schaffen. Bei dieser Art von Kreativität gibt es keine Anzeichen für neue Infrastrukturansichten.

4) Innovative Kreativität: Mit dieser Art von Kreativität werden sinnvolle und nützliche Änderungen an den theoretischen Grundprinzipien durch konstruktive und mechanische oder künstlerische Maßnahmen vorgenommen.

5) Intuitive Kreativität: Die Produktion auf dieser Kreativitätsstufe ist etwas völlig Neues und unterscheidet sich von dem, was zuvor existierte. Golestan Hashemi (2002) hat die Kreativitätsstufen auf der Grundlage der Hauptindizes des Werts und des Neuheitsgrads in die folgenden Gruppen eingeteilt: Primäre Kreativität/sekundäre Kreativität, gewöhnliche Kreativität/exzellente Kreativität, kleine Kreativität/große Kreativität, erfinderische Kreativität/innovative Kreativität.

Sie ist der Ansicht, dass die meisten Kreativitätsstufen in zwei Hauptgruppen unterteilt werden können, nämlich in die primäre und die sekundäre Kreativität, und aus diesem Grund beschreiben wir diese beiden Arten von Kreativität:

1) Primäre Kreativität: Sie besteht in der Erarbeitung und Entwicklung neuer Prinzipien und Konzepte und der Schaffung neuer Paradigmen. Neue Theorien sowie transformative und grundlegende Erfindungen gehören zu dieser Gruppe von Kreativität. Großartige, herausragende und innovative Kreativitäten gehören zur primären Kreativität.

2) Sekundäre Kreativität: Diese Art von Kreativität umfasst neue und andere Anwendungen früherer menschlicher Prinzipien und Konzepte sowie die Vervollständigung und Weiterentwicklung primärer Kreativitäten. Wissenschaftliche Errungenschaften von Forschern, die auf großen wissenschaftlichen Theorien beruhen, gehören zur sekundären Kreativität.

Theorien zur Kreativität

Bisher wurden einige Inhalte über das Wesen der Kreativität und damit zusammenhängende Konzepte vorgestellt, und nun ist es an der Zeit, einige Standpunkte zur Kreativität zu erörtern. Eine Theorie oder ein Standpunkt ist in der Regel ein Gesichtspunkt oder eine Wissenschaft, die über ein Thema gebildet wird. Im Bereich der Kreativität gibt es verschiedene Theorien und Standpunkte, die unterschiedliche Aspekte der Kreativität beschreiben:

Philosophische Theorien der Kreativität

1. Theorien der antiken Welt

A) Schöpfung (Kreativität) als die dity Inspiration, eine der ältesten Implikation Schöpfung basiert auf, dass sehr Schöpfer hat eine Gottheit Inspiration. Diese Definition wird in der Regel

von Plato angeboten, die besagt, dass der Künstler wird der überlegene Faktor der Kraft wegen der Unbewusstheit ...
B) Die Schöpfung als Wahnsinn: Eine der Kulturen, die sich auf die Antike bezieht, betrachtet die Schöpfung als eine Art Wahnsinn und sieht den Wahnsinn unter dem Gesichtspunkt der Spontaneität und Irrationalität.
2. Neue philosophische Theorien:
A) Schöpfung als intuitiver Einfallsreichtum: In dieser Sichtweise ist die Schöpfung die intakte und entwickelte Art der Intuition. Die Idee der Genialität wurde in der späten Periode der Renaissance angeboten und wurde für kreative Männer wie Davinchi, Vasary, Telesio verwendet. Viele Denker und Wissenschaftler, insbesondere Kant in seinem Buch (Reine Weisheit), sagen, dass Schöpfung und Genialität gleich sind.
Da der kluge Mensch das Unbekannte intuitiv erkennt, ist er nicht berechenbar und seine Art des Verstehens kann nicht demonstriert werden.
B) Die Schöpfung als Lebenskraft
C) Die Schöpfung als kosmische Kraft

Neurologische Theorie
Die neurologische Theorie gilt als eine der neuesten Erkenntnisse über Kreativität. In dieser Perspektive wird die Beziehung zwischen dem Gehirn und den Gehirnwellen untersucht. Eine der berühmtesten Studien ist die "neurowissenschaftliche Perspektive der Forschungsstudien", die sich auf die beiden Gehirnhälften bezieht und für die Roger Spray und Joseph Bugen als Begründer gelten. Diese Studien bewiesen, dass die linke Hemisphäre das Kontrollzentrum für einige intellektuelle Aufgaben wie Gedächtnis, Sprache, Logik, Berechnung, Ausrichtung, Klassifizierung, Analyse und konvergentes Denken ist und die rechte Hemisphäre das Kontrollzentrum für Gehirnfunktionen wie Intuition, außersinnliche Wahrnehmung, Einstellungen und Emotionen, räumliche und visuelle Beziehungen sowie Musik und Kreativität. Die kreative Funktion in Bezug auf Wachstum und Interaktion zwischen den beiden Hirnhälften hat ein wünschenswertes Gleichgewicht.

Psychometrische Perspektive
Die psychometrische Perspektive ist die Analyse von Kreativitätselementen, die in der Tat die Grundstruktur der Kreativität in einer messbaren und wissenschaftlichen Methode darstellt.
Diese Sichtweise betrachtet Kreativität aus der Perspektive des Testens und des Versuchs, quantitative Kreativität zwischen Menschen zu skalieren. Guildford gilt als der Begründer dieser Sichtweise, die wissenschaftliche Kreativität, Anstrengung und Kommentare. Von anderen Gelehrten sind die Torrance-Perspektive.
Guildford-Theorie: Guildford, systematische und wissenschaftliche Untersuchung der Schaffung mit der "Theorie des Geistes" Prozess. Pattern oder mentales Modell von drei Abschnitten oder drei Geschichte Klasse mit dem Namen der Operation, Inhalt und Produkte und Anzahl der Unterkategorien oder Aktivität besteht aus 120 Faktoren oder geistigen Fähigkeiten.
Guildford unterscheidet in dieser Theorie zwei Faktoren des "konvergenten Denkens" und des "divergenten Denkens" voneinander und kennt den Schlüssel der Kreativität im divergenten

Denken. Divergentes Denken ist eine mentale Methode für alle möglichen Lösungen für ein Problem und steht im Gegensatz zu konvergentem Denken, bei dem die Person versucht, eine richtige Antwort zu erreichen, indem sie logische Informationen kombiniert.

Nach der Guildford-Theorie setzt sich das divergente Denken aus mehreren Faktoren zusammen. Die Faktoren oder Komponenten des divergenten Denkens sind wie folgt:

Fluid (mental): Darstellung der Anzahl von Ideen in einer bestimmten Zeit

Flexibilität: Präsentation ungewöhnlicher und unterschiedlicher Gedanken und einer Vielzahl verschiedener Lösungen für ein Problem

Frische: Einsatz von einzigartigen und innovativen Lösungen

Entwicklung: Erarbeitung von Details und Bestimmung der Auswirkungen und Anwendungen

Kombinieren: Zusammenfügen der verschiedenen Ideen

Analyse: Aufschlüsselung der Elemente der symbolischen Strukturen

Organisieren: Änderung des Designs, der Funktionalität und der Anwendungen

Komplexität: die Fähigkeit, mit einer Reihe unterschiedlicher Ideen umzugehen, die gleichzeitig mit den oben genannten Merkmalen zusammenhängen, wobei die ersten drei Merkmale wichtig sind.

Torrance-Theorie

Ein weiterer Wissenschaftler, der Theorien über Kreativität aufgestellt und zahlreiche Forschungen durchgeführt hat, ist Paul Torrance. Er hat aus zwei Gründen internationales Ansehen in diesem Bereich erlangt. Zum einen wegen der Theorie der Kreativität und der Lernqualität und zum anderen wegen der Erfindung von Tests zum kreativen Denken, die als Minnesota bekannt sind.

Torrance hat in seiner jüngsten Veröffentlichung in der Zeitschrift Psychology of Breeding drei Definitionen für Kreativität vorgestellt, darunter eine Forschungsdefinition, eine künstlerische Definition und eine Definition in Bezug auf das Überleben.

Bei der Definition seiner Forschung ist kreatives Denken oder Schöpfer der Prozess des Erkennens von Problemen, Fragen, Informationslücken, übersehenen Elementen, schlechten Dingen, Vermutungen und Annahmen über diese Mängel und die Bewertung und Prüfung dieser Vermutungen und Hypothesen, die Überarbeitung und erneute Prüfung und schließlich die Übertragung der Ergebnisse

Torrance definiert sein künstlerisches Schaffen und seine Kreativität wie folgt:

- ❖ Kreativität ist wie wissen wollen
- ❖ Kreativität ist wie tiefes Graben
- ❖ Kreativität ist wie ein Wiederholungsfilm
- ❖ Kreativität wie das Hören von Gerüchen
- ❖ Kreativität ist, als würde man einer Katze zuhören
- ❖ Kreativität ist wie das Futter
- ❖ Kreativität ist wie der Umgang mit Fehlern
- ❖ Kreativität ist wie ein Sprung ins kalte Wasser

❖ Kreativität ist wie ein Ball

Torrance in abhängiger Definition über das Überleben der Kreativität, die auf die Kraft verweist, aus schwierigen Situationen herauszukommen.

Debunos Theorie zur Kreativität

Edward de Bono stellt die Theorie des lateralen Denkens vor und ist der Erfinder dieses Begriffs. Er ist der Meinung, dass laterales Denken eine Art des Denkens ist, die der Kreativität und dem Humor ähnlich ist.

Seiner Meinung nach ist dieses Denken die Methode, um die Aspekte und verschiedenen Aspekte der Themen zu betrachten, die zu neuen Ideen führen können.

Nach Debuno beinhaltet Kreativität das Durchbrechen der etablierten Muster, um die Dinge in einer neuen Form zu betrachten. Nach Debono ist der Verstand ein Planungssystem, das so angelegt ist, dass es an anderer Stelle Pläne erstellt. Diese Informationspläne erleichtern die Kommunikation einschließlich der Grenzen.

Nach debuno, Bildung mit Schwerpunkt auf der Entwicklung der konzeptionellen Karte für die Umstrukturierung dieser Pläne und die Förderung der Erwerb von neuen Karten.

Der Zweck des lateralen Denkens ist es, eine andere Perspektive auf die Dinge zu schaffen, die mentalen Formen von Informationen auf neue Art und Weise zu verändern, um neue Ideen zu entwickeln. Debuno geht davon aus, dass laterales Denken oder horizontales Denken mit einer anderen Art des Denkens einhergeht, die als vertikales Denken bezeichnet wird.

Vertikales Denken ist Guildford konvergentes Denken, das immer die richtige Lösung findet. Vertikales Denken ist logisch, kritisch und urteilsorientiert, während laterales Denken produktiv und kreativ ist.

Bshartyan zitiert Dubeno, der den Unterschied zwischen vertikalem und lateralem Denken kennt, wie folgt:

❖ Vertikales Denken ist wählerisch und laterales Denken ist der Hersteller und produktiv.

❖ Vertikales Denken, das den sichereren Weg einschlägt, laterales Denken, das den unsicheren Weg entdeckt.

❖ Vertikales Denken ist ein gewisser Fluss, laterales Denken, und Bewegung ist möglich.

Laterales und vertikales Denken sind nicht austauschbar und beide werden benötigt. Sie sind voneinander abhängig und ergänzen sich.

De bono schlug verschiedene Wege für den Erwerb und die Entwicklung von Fähigkeiten, das laterale Denken, vor, wobei das Verfahren die Art dieser Praktiken zusätzlich zu den Möglichkeiten zur Verbesserung der Fähigkeiten erklärte.

Einige der wichtigsten Leitlinien lauten wie folgt:

❖ Eine andere Einstellung zu den Themen
❖ Abzug
❖ Zweifel an den Annahmen
❖ Zufällige Motivation
❖ Aufgeschobenes Urteil

Ökologische Theorie der Kreativität
In den vergangenen Jahrzehnten definierten Psychologen mehr kreative Aspekte der Eigenschaften kreativer Personen und schenkten der Rolle der Umwelt im kreativen Prozess weniger Aufmerksamkeit. Harrington begründete seine soziale Kreativitätstheorie auf der Grundlage von Kenntnissen über die Umwelt in der Biologie.
Mit anderen Worten: Ökologie, Biologie, Sozialtheorie beruhen auf Kreativität.
Harrington ist der Ansicht, dass die Kreativität eines Produkts zu einem bestimmten Zeitpunkt und an einem bestimmten Ort ein System in einem Ökosystem ist. In einem biologischen System sind lebende Organismen mit einem ökologischen System verbunden.
Im kreativen Ökosystem stehen alle Mitglieder und alle Aspekte der Umwelt in Wechselwirkung zueinander. Natürlich gibt es einen Unterschied zwischen dem ökologischen System in der Biologie und dem ökologischen Innovationssystem, und in diesem Fall handelt es sich lediglich um eine metaphorische Verwendung von Konzepten. Harrington weist darauf hin, dass im kreativen Prozess die Auswirkungen der Umwelt und des Ökosystems in wirksamer Kombination mit dem menschlichen Handeln zum Tragen kämen. Die Kreativität im Kopf ist also von den sozialen Variablen getrennt.
In der ökologischen Theorie der Kreativität heißt es, dass dieser Rahmen einige unternehmerische Einstellungen des Menschen umfasst persönliche Stärke und Fähigkeit, die oft im Laufe der Jahre bilden. Aus dieser Sicht ist Kreativität ein Prozess, der sich im Laufe der Zeit entwickelt und dessen Merkmal die Initiierung, die Anpassungsfähigkeit und der Realismus ist.
Vielfältige Ansätze für Kreativität
Wie oben erwähnt, im Laufe der Geschichte des Konzepts der Kreativität, in der philosophischen Theorien der alten Welt, neue philosophische Theorien vermischt mit intuitiven und Kreativität Studie begann mit Genie Studie, aber die Studie der seltenen Menschen in der Psychologie Labors fördern die wissenschaftliche Untersuchung der Kreativität.
Später, aufgrund des wachsenden Feldes der Psychologie der Kreativität mit einer konkreteren Strukturen wie Wahrnehmung, Gedächtnis, Argumentation und Urteilsvermögen sind als im Zusammenhang mit der allgemeinen Intelligenz.
In den letzten Jahren wurde die Kreativität in anderen Bereichen wie dem Management in der Vergangenheit berücksichtigt, aber im Management werden die praktischen Managementaspekte der Kreativität, die Innovation, berücksichtigt. Einige Forscher konzentrieren sich auf persönlichkeitsbasierte Ansätze und soziale Dimensionen der Persönlichkeit, Motivation, Gelegenheitsvariablen und ihr kulturelles Umfeld.
Bei der Untersuchung der vorgeschlagenen Kreativitätsansätze stellen wir fest, dass diese Ansätze eine einseitige Perspektive haben und jeder von seiner eigenen Sichtweise auf den Gegenstand der kreativen Gestaltung ausgeht. Für ein genaues und umfassendes Verständnis des Kreativitätskonzepts ist ein umfassender Ansatz erforderlich. In den letzten Jahrzehnten haben einige Kreativitätsforscher wie Mabayel (1983) und Esther Nebrg und Lubart (1991) eine auf einem vielschichtigen Ansatz basierende Sichtweise angeboten.

Amabile versteht Kreativität als eine Kombination aus Motivation, Fähigkeiten und Kenntnissen in bestimmten Bereichen und Fertigkeiten, die mit Kreativität zu tun haben,

Astnrnbrg und Lvbart verstehen Kreativität als eine Kombination, die sechs identifizierte Quellen umfasst und sowohl mit geistigen Fähigkeiten als auch mit Wissen über Denkweisen, Persönlichkeit und Umwelt zusammenhängt.

Interaktives Modell des kreativen Verhaltens

Der facettenreiche Ansatz der Kreativität wurde als Kreativität bezeichnet, während die bisher vorgestellten Theorien der Kreativität einseitig waren. Mit anderen Worten, jede Theorie durch die Betonung jedes Aspekts der Kreativität wurde von anderen Aspekten der Kreativität getrennt. Er sagte auch, dass für ein genaues und umfassendes Verständnis der Kreativität, systematischen Ansatz war das am besten geeignete System.

interaktiven Muster des kreativen Verhaltens ist auf die Rolle der multilateralen System-Perspektive auf die Kreativität (Persönlichkeit, kognitive und soziale), die ein besseres Verständnis der Kreativität haben könnte, um besondere Anerkennung der Unterschiede in der Kreativität bieten basiert.

Auf der Grundlage des Interaktionsmusters wird kreatives Verhalten durch die dynamische Beziehung zwischen verschiedenen Faktoren wie Persönlichkeitselementen, kognitiven und sozialen Faktoren beeinflusst. Das Interaktionsmuster besteht aus verschiedenen Komponenten. Die folgende Abbildung zeigt die Komponenten.

Tabelle 4: Persönliche und soziale Faktoren wirken sich auf das Muster der kreatives Verhalten

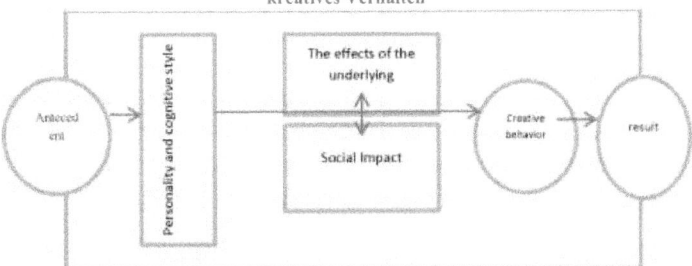

Gemäß der Abbildung umfassen die Komponenten eines interaktiven Modells:
1. Vorgeschichte oder früherer Zustand: Die frühere Situation wird in der Regel als die Merkmale des früheren Zustandes bezeichnet. In früheren Studien umfasst der alte Zustand oft die frühere Lernerfahrungen und primitive Erfahrungen mit sozialen und demografischen Merkmalen.
2. Kognitive Faktoren: Zu den kognitiven Fähigkeiten gehören Variablen wie divergentes Denken, kognitive Stile und Kontrolle Quelle.
3. Soziale und kontextuelle Faktoren: Zu den zugrundeliegenden Faktoren gehören Dinge wie die physische Umgebung, die Gruppenkultur oder das Organisationsklima, zeitliche Begrenzungen, Verantwortlichkeiten, Erwartungen an die Arbeit, Belohnungen und mehr.
4. Die Dimensionen der Persönlichkeit: Zu diesen Dimensionen gehören Unabhängigkeit, Selbstvertrauen, breit gefächerte Interessen, das Konzept des positiven Individuums, extremes Selbstvertrauen, usw.
5. Die individuellen Faktoren: Persönliche Faktoren der Kreativität sind: Einstellungen, Werte, Ziele und Motivation.

Kapitel 2
Innovation
Innovation
In der heutigen dynamischen und wettbewerbsorientierten Welt müssen Unternehmen neue Dienstleistungen und Produkte anbieten, um ihren Erfolg zu sichern. Der organisatorische Erfolg in der modernen Welt hängt von der Innovation ab. Organisationen, die in Bezug auf Innovation unterdurchschnittliche Leistungen erbringen, sind Überbleibsel des Überlebens.

Neu oder frisch ist grundsätzlich etwas oder jemand, der sich von anderen Gegenständen oder Personen unterscheidet.

Innovation kann je nach Text und Kontext, in dem sie verwendet wird, unterschiedliche Bezeichnungen und Bedeutungen haben, z. B. Bildungsinnovation, industrielle Innovation, technologische Innovation, Unternehmensinnovation, Produktinnovation usw.

Halt ist einer der Autoren der Management-Wissenschaft, der Innovation im weitesten Sinne als einen Prozess zur Nutzung von Wissen oder Informationen zur Schaffung oder Einführung neuer und nützlicher Fälle darstellte. varnning erklärt auch, dass Innovation als revidierbarer Fall, der als Wahrheit entworfen und gemacht wird, die den Erfolg der Organisation angesichts des starken Wettbewerbs bietet, und ein langfristiger Wettbewerbsvorteil durch ihn dargestellt wurde.

Innovation kann auch auf der Grundlage von Kreativität angewandt werden. Sie ist die Fähigkeit, neue Werke zu schaffen, neue Verfahren anzuwenden und Lösungen für Probleme zu finden.

Im Hinblick auf die aufgeworfenen Fragen kann die allgemeine Innovation auf zwei Arten definiert werden.

(A) Innovation bedeutet echte Kreativität: Nach dieser Definition bedeutet Kreativität, ein Ideal zu schaffen, und Innovation bedeutet, dieses Ideal zu verwirklichen. In diesem Status ist der Zweck der Kreativität geistige Kreativität und der Zweck der Kreativität ist objektive Kreativität.

(B) Kreativität bedeutet innovative Produktion: Nach dieser Definition geht es bei der Innovation um Produkte oder kreative Produkte, die in einer Organisation hergestellt werden.

Der Prozess der Innovation
In der Regel wird die Innovation in einem Unternehmen in mehreren Schritten durchgeführt. Damit die Innovation erfolgreich durchgeführt werden kann, müssen die Manager dafür sorgen, dass diese Schritte in der Organisation entsprechend durchgeführt werden. Wenn einer der Schritte in diesem Prozess nicht durchgeführt wurde oder eine der Säulen nicht vorhanden ist, wird der Innovationsprozess scheitern. Die Phasen des Innovationsprozesses sind wie folgt:

1. Das Bedürfnis: Das Bedürfnis nach Veränderung und Innovation entsteht, wenn die Manager der Organisation mit den aktuellen Leistungen unzufrieden sind. Dies ist der Hauptgrund für die Manager, nach neuen Wegen zu suchen und sich über neue Verfahren zu informieren.
2. Kommentare oder Ideen: Kommentare oder Ideen sind neue Wege, Dinge zu tun. Diese Meinung oder Idee kann ein Modell, ein Plan oder ein Programm sein, das eine Organisation umsetzen sollte, oder sie kann als neues Gerät, neues Produkt oder eine neue Methode zur Überwachung des Managementstils einer Organisation präsentiert werden.
3. Billigung: Die Zustimmung ist die Phase, in der Manager oder Entscheidungsträger versuchen, die Idee umzusetzen.
4. Durchführung: Die Durchführungsphase ist der Zeitplan für die Anwendung der Idee, Methode oder des neuen Verhaltens durch die Mitglieder einer Organisation.
5. Quellen: Innovation entsteht nicht von selbst. Sie erfordert Zeit und Ressourcen, um neue Ideen für Gemeinschaftsaktionen zu entwickeln, die diese

Samad Aghayi sagte im Zusammenhang mit dem Innovationsprozess: "Im Grunde genommen ist das Konzept der Innovation aus der Sicht des Managements ein Prozess, der mit einer Vermutung beginnt und mit der kommerziellen Freigabe des Produkts oder der Dienstleistung endet. Das nachstehende Diagramm zeigt die verschiedenen Phasen des Prozesses.

Tabelle 5: Innovationsprozess

Illustration ⟶ idea ⟶ Creativity ⟶ Innovation ⟶ Publication

In diesem Prozess lässt der Einzelne seine Vorstellungen in den Himmel steigen, um sie dann auf den Boden der Tatsachen zu bringen und die Technik (den zukünftigen Ingenieur) dazu zu bringen, sie in Ideen umzuwandeln (verhaltene Ideen). Dann wandeln sie die Ideen des Managements in wissenschaftliche und nützliche und angemessene Ideen um (Kreativität), woraufhin die Ideen in Produkte umgesetzt werden. (Innovation) schließlich durch die kommerzielle Produktion von neuen Waren und Dienstleistungen zu verbreiten.
Einer der Managementexperten, der sich auf den Systemansatz stützt, hat den Innovationsprozess wie folgt gezeichnet.

Merkmale des Kreativitätsprozesses
Der Kreativitätsprozess weist folgende Merkmale auf:
1. Der Innovationsprozess ist mit Unsicherheit verbunden (Ungewissheit). Die Quellen der Innovation oder ihre Möglichkeiten sind nicht vorhersehbar, die Ergebnisse der Innovation können kaum an früheren Erfahrungen gemessen werden, d. h. es ist kaum möglich, eine Vorhersage der Ergebnisse zu treffen.
2. Der Innovationsprozess basiert auf persönlichem Wissen und Lernen. Der Innovationsprozess führt zur Stärkung von neuem Wissen, Intelligenz und Kreativität auf der Grundlage von individuellem und gegenseitigem Lernen.
3. Der Prozess der Innovation steht im Gegensatz zu einigen Dingen. Innovation beinhaltet oft die Abschaffung einiger Aktivitäten und wird in Opposition zu ihnen organisiert.
4. Der Innovationsprozess geht über die Grenzen der verschiedenen Teile der Organisation hinaus.
Der Innovationsprozess beinhaltet einen Informationsaustausch in verschiedenen Teilen der Organisation und außerhalb der Organisation sowie zwischen verschiedenen am Innovationsprozess beteiligten Einheiten. Die Quelle vieler Ideen geht über die verschiedenen. Teile der Organisation und wird aus dem Informationsaustausch zwischen verschiedenen Disziplinen abgeleitet.

Arten von Innovationen
Die meisten Forscher und Autoren teilen die Innovatoren in vier Gruppen ein (khodad Hosseini, 1999)
1) Verwaltungsinnovation: Innovation ist die Veränderung der Organisationsstruktur und der Verwaltungsabläufe, z. B. das Anbieten neuer Ideen für eine neue Politik in Bezug auf die Einstellung von Personal, Ressourcen, Struktur, Funktionen und Befugnisse.
2) Innovation: Innovation ist der Ersatz von Produkten, die sich im Produktionsprozess befinden, Produktentwicklung, Erhaltung von Marktanteilen und Erschließung neuer Märkte im In- und Ausland
3) Innovationsprozess. Diese Art von Innovation beinhaltet die Verbesserung der Produktionsflexibilität, die Senkung der Produktionskosten durch Verringerung des Lohnkostenanteils, die Verringerung des Verbrauchs, die Verringerung der Kosten für die Produktgestaltung, die Verbesserung der Umweltbedingungen und die Verringerung der Verluste.
4) technologische Innovation: Auf der Grundlage der oben genannten Innovationstypen gibt es eine weitere Art von Innovation, die nach der Definition der OECD das Fehlen von technologischer Innovation ist. Bei dieser Art von Innovation handelt es sich um die Integration von Fertigungsinnovationen, d. h:
technologische Innovation = Prozessinnovation + Produktionsinnovation
alli (2000) weist darauf hin, dass die Innovation im Bereich der Innovation auf verschiedene Weise unterteilt ist, aber es ist besser, sie unter dem Gesichtspunkt der Innovation in der Organisation und der erforderlichen finanziellen Mittel, der erforderlichen Fähigkeiten und des

Risikoniveaus zu betrachten, Innovationsgeschwindigkeit usw. auf den Markt. Dieser Ansatz ist praktisch. Auf der Grundlage der Innovation sind wie folgt:
1) Gründung der Innovation: Diese Innovation führte zur Schaffung neuer Märkte. Merkmale grundlegende Innovationen ist die Entwicklung neuer Materialien (Keramik, synthetische Fasern, Kristall)
2) Leistungsorientierte Innovation (Produkt): Wenn ein Produkt innovativ ist, versuchen die Unternehmen, die Nutzung dieses neuen Produkts zu steigern. Eigenschaften wie Festigkeit, Haltbarkeit und Flexibilität bei der Anwendungsentwicklung und Leistung des Produkts sind wirksam.
3) Technologie Struktur Innovation : Umstrukturierung Technologie basiert auf der Einfuhr von Materialien aus anderen Bereichen der Industrie für die Herstellung eines jeden neuen Produkts ist im Wesentlichen anders als ein Produkt der Entwicklung der neuen Formel.
4) Innovation bei Produktname und Ruf (Produktetikett): Innovation bei Produktetiketten, die den Wunsch wecken, ein bestimmtes Produkt zu kaufen. Untersuchungen zeigen, dass etwa 24 % der Produktverkäufe für Werbung ausgegeben werden.
5) Innovation durch Design: Viele Unternehmen vernachlässigen Innovation durch Design. Einer der wichtigsten Punkte beim Design ist die Flexibilität. Das bedeutet, dass das Produkt je nach Marktbedingungen und Verbraucherpräferenzen die Möglichkeiten der Milderung verändert.
6) Innovation im Bereich der erneuerbaren Formulierung: eine erneuerte Formulierung ähnlich der Änderung der Produktstruktur, ohne seine Komponenten zu ändern. Ändern Sie die physikalischen Eigenschaften eines Produkts, Komponente in diesen Kategorien platziert. Innovation überarbeitete Formulierung, einschließlich Rekombination aktuellen Komponenten, um ein neues Produkt bereitzustellen.
7) Innovation bei der Erbringung von Dienstleistungen: Untersuchungen zeigen, dass es siebenmal teurer ist, einen Kunden zu gewinnen, als ihn zu halten. Daher ist die Innovation im Dienstleistungsbereich ein wichtiges Thema in diesem Rennen. Innovation in
8) Die Bereitstellung von Dienstleistungen erfordert die Entwicklung von technischem Fachwissen und geeignetem Personal für die Einführung des Produkts.
9) Innovation in der Verpackung: Die Änderung der Verpackung führt zu einer Änderung des Kaufs oder der Verwendung von Waren in einem bestimmten Zeitraum und eröffnet neue Märkte für sie.

Ressourcen und Möglichkeiten für Innovation
Innovationen können aus einer Vielzahl von Quellen stammen. Laut Drucker entstehen Innovationen jedoch nicht aus einem Funken eines sofortigen Genies, sondern eher aus der gezielten Suche nach Innovationsmöglichkeiten. Innovationsmöglichkeiten gibt es innerhalb des Unternehmens oder der Branche, aber auch außerhalb des Unternehmens und im sozialen und akademischen Umfeld.
Innerhalb des Unternehmens oder der Branche gibt es vier Bereiche, die Chancen bieten:

1. Unerwartete Ereignisse: die einfachste und leichteste Quelle und Gelegenheit für Innovation
2. Heterogenität: Heterogenität oder Inkonsistenz in der Logik oder das Lied eines Prozesses ist von einer anderen Innovation Gelegenheit, die Innovation Feld bietet.
3. aus dem Prozess abgeleitete Bedürfnisse: Die Prozessbedürfnisse (Anforderungen) oder Notwendigkeiten, die im Prozess entstehen, bilden den notwendigen Hintergrund für Innovationen.
4. Branchen- und Marktveränderungen: Wenn eine Branche schnell wächst, verändert sich ihre Struktur, und die traditionellen Marktführer und etablierten Unternehmen verlieren in der Regel ihren Marktanteil, wodurch sich neue Chancen für das Unternehmen und Innovationsmöglichkeiten ergeben, um gute Chancen zu nutzen.

Externe Möglichkeiten im wissenschaftlichen und sozialen Umfeld des Instituts sind:
• Demografische Veränderungen: Veränderungen der demografischen Merkmale, die bei der Planung zu berücksichtigen sind, z. B. haben die Japaner in der Rabat-Technologie festgestellt, dass die Zahl der Arbeitskräfte für die Industrie durch das Wachstum der Bildung zunimmt.
• Veränderung der Wahrnehmung: Zweite Quelle der Innovation und Gelegenheit außerhalb des Unternehmens für eine Veränderung der Wahrnehmung, wenn Manager den Fortschritt der Organisation und nicht die Mängel sehen, bietet Gelegenheit, über Innovation nachzudenken.
• Neues Wissen: Die dritte Kategorie von Innovationsquellen außerhalb der Organisation ist die Entwicklung neuen Wissens. Zum Beispiel, das Aufkommen des Computers, die durch die Entwicklung von Wissen verursacht, die Möglichkeiten für Innovationen in diesem Bereich.

Organisatorische Innovationsmodelle
1) Technologiedruck-Modell: Dieses Modell ist das älteste Modell, das auf der Philosophie des "produktionsorientierten" Verfahrens basiert, was bedeutet: "Wie viel wir produzieren, werden wir verkaufen."
2) Das Modell der Marktattraktivität: Nachdem das Modell des Technologiedrucks gescheitert war, erkannten die Hersteller die Bedeutung der Bedürfnisse und Anforderungen unserer Kunden und wandten sich dem Marketing und der Marktforschung zu. Das Marktanziehungsmodell beruht auf der Philosophie der "Marktorientierung". Bei diesem Modell wird zuerst der Bedarf ermittelt und danach das Marketing, das Produktdesign und die Herstellung in den Mittelpunkt gestellt.
3) Das integrierte Modell: Probleme für das Modell der Marktattraktion, Ergebnisse integrierte Bildung. Dieses Modell, Modell für die Marktabsorption, ist kompatibel zu Technologiedruck mit anderen Funktionen und Fähigkeiten der Organisation.

Der Unterschied zwischen Innovation und Kreativität
Kreativität und Innovation sind so tief verwurzelt, dass es schwierig ist, zwischen ihnen zu unterscheiden, aber sie können auf unterschiedliche Weise definiert werden: Kreativität ist die Schaffung und Produktion innovativer Ideen und neuer Gedanken, während Innovation die Umsetzung dieser Ideen und Gedanken ist.

Conter stellte Innovation als Anwendung neuer Ideen aus der Schöpfung vor. Er glaubt, dass Innovation ein neues Produkt, eine neue Dienstleistung oder eine neue Art, etwas zu tun, sein kann, aber Kreation ist die Fähigkeit, einen neuen Gedanken oder eine neue Idee zu schaffen, und Novast (Lrbrsht 1987) glaubt, dass Kreativität eine geistige Aktivität ist, um neue und innovative Ideen zu schaffen, während diese Innovation die Kreativität in eine Aktion oder ein Ergebnis umwandelt, aus dieser Perspektive könnte eine innovative Person eine nicht-kreative Person sein, das heißt, sie könnte neue Ideen haben, hat aber nicht die Fähigkeit, sie zu liefern und zu verkaufen. Innovatoren sind also oft kreativ, aber nicht alle kreativen Menschen sind notwendigerweise Innovatoren.

Die Organisation und Management-Autoren und Forscher in Bezug auf die Schulen des Denkens, Theorie und Einsicht Du Bindung unterschiedliche Priorität, um diese beiden Konzepte, wie Psychologen zu "Kreativität" ist mehr ein individuelles Konzept und machen es wichtiger Faktor und Innovation sind auch gegen Soziologen und Industrie-Forscher zu "Innovation" ist mehr ein Konzept der sozialen Themen und es ist allgemein und Kreativität ist als einer der Innovationsprozess betrachtet.

Die Organisation und Management-Autoren und Forscher in Bezug auf Schulen des Denkens haben Theorie und Einsicht und wissen Priorität, um diese beiden Konzepte, wie Psychologen zu "Kreativität", die mehr ein individuelles Konzept und machen es wichtiger Faktor und Innovation sind auch gegen Soziologen und Industrie-Forscher zu "Innovation" ist mehr ein Konzept der sozialen und mehr Aufmerksamkeit und es ist allgemein und Kreativität sind als einer der Innovationsprozess.

Er kommt zu dem Schluss, dass Innovation umfassender ist und die folgende Gleichung darstellt:
Nutzung + Erfindung + Idee oder Konzept = Innovation

Unabhängig von den Kontroversen über das Konzept der Kreativität und Innovation in der beruflichen theoretischen Autoren, die meisten Management-Literatur zwischen zwei Konzepten in zwei Bereichen: erstens, in Bezug auf die Bedeutung oder Inhalt und andere Aspekte der Erscheinung und B. Ebene. In Bezug auf die Bedeutung, mehr Kreativität und konzeptionelle Aspekte der "Innovation" in der praktischen Aspekte ihrer Arbeit. Forscher wissen, die Entstehung Ebene und Kreativität Entstehung und Innovation in jeder Organisation, und in Einzel-und Gruppenebene.

Letztendlich können wir sagen, dass Kreativität eine wesentliche Voraussetzung für Innovation ist und die Umsetzung von Innovation mit Kreativität zusammenhängt. In der Praxis können wir jedoch nicht unterscheiden

Aber man kann davon ausgehen, dass die Kreativität das Wachstum und das Entstehen von Innovationen fördert.

Der Unterschied zwischen Innovation und Wandel

Es gibt einen Unterschied zwischen den Konzepten von Innovation und Wandel. Beispielsweise könnte die Veränderung dazu dienen, die Zufriedenheit am Arbeitsplatz zu verbessern, während die Innovation das Ergebnis von mehr als einer Person ist und ihr Einfluss über die Abteilung ihres Schöpfers hinausgeht. In einer anderen Studie über den technischen Wandel sagte Kanen, dass Veränderung die Schaffung von etwas ist, das sich von der Vergangenheit unterscheidet, während Innovation die Präsentation von Ideen für die neue Organisation ist. Daher können alle Innovationen so verändert werden, dass sie eine Veränderung widerspiegeln, während alle Veränderungen keine Innovationen sind. Der Wandel ist das Ergebnis eines kreativen Prozesses.

Yousefi zitiert Mirkamali, der sagt, dass sich der Wandel in der Vorgehensweise auf die Art und Weise früherer Praktiken und Innovationen bezieht und dass neue Verfahren und Praktiken die früheren Praktiken nicht aufheben.

Die Beziehung zwischen Kreativität, Innovation und Wandel

In Anbetracht der obigen Theorie könnte man zu dem Schluss kommen, dass Kreativität damit zusammenhängt, etwas auf die Bühne zu bringen, oder mit anderen Worten bedeutet, neue Dinge zu finden, auch wenn sie vielleicht nicht genutzt werden. Innovation ist ein neues Konzept, das die Entwicklung eines Produkts, einer Dienstleistung oder eines Prozesses beinhaltet, der einer Organisation, einer Branche, einer Nation oder der neuen Welt zugeschrieben werden kann.

Diese Innovationen führen zu neuen Ideen zur Veränderung und Anpassung einer besseren Organisation (Khodadad Hosseini, 1999).

Weber und seine Assistenten stellen die Beziehung zwischen Kreativität, Innovation und Wandel her.

Der Unterschied zwischen Entdeckung, Erfindung und Innovation

Entdeckung bedeutet, etwas zu finden, das bereits existiert, aber es kam von etwas, das nicht bekannt oder unbekannt ist, wie Christoph Kolumbus, der Amerika entdeckte, aber die Erfindung ist nicht entdeckt, weil etwas, das erfunden wurde, nie existiert hat. Die Vervollständigung einer patentierten Innovation, ihre Ergänzung oder Verwendung ist neu.

Mohamad Zade (1991) argumentiert, dass die Erfindung ist die Schaffung einer neuen Theorie der Erfindung, Innovation und Bereitstellung Prozess mit einer neuen Theorie für die Schaffung eines neuen Produkts oder Prozesses. Erfindungen treten oft als Innovation auf.

Innovation und Effizienz

Innovation und Effizienz sind zwei Begriffe, die miteinander verbunden sind, so dass beide wertvolle Ressourcen im verarbeitenden Gewerbe darstellen, die relevant und eng mit dem Wandel und der Entwicklung der Technologie verbunden sind. Insbesondere der Umfang der Investitionen und die Nutzung des Reichtums führen letztlich nicht zu einer höheren Produktion und einem größeren Wohlstand. Aber auch eine effiziente Ressourcennutzung, insbesondere eine effektive und effiziente Nutzung der Humanressourcen mit Kreativität und Innovation, wird für eine höhere Produktivität und mehr sorgen. Produktivität und Kreativität sind voneinander abhängig, und für mehr Effizienz werden Kreativität und Innovation sowie Forschung und Entwicklung eingesetzt.

Innovationsstrategie

Einzelpersonen und Organisationen können auf verschiedene Weise Eigentümer von neuen Ideen und neuen Produkten oder Dienstleistungen werden, z. B: (S. Gentleman, 2004)

1. Offensive Strategien: Einzelpersonen und Organisationen, die diese Methode verwenden, sind daran interessiert, durch revolutionäre Innovationen (Innovationen in den Markt oder die

Industrie spezifische Art und Weise zu schaffen Transformation) und bieten neue Produkte vor Konkurrenten, die vor allem ist das Ergebnis der Entwicklung eines großen und gut ausgestattet, um auf dem Markt konkurrieren.
2. Defensive Strategien: Einzelpersonen oder Unternehmen, die mit defensiven Strategien innovativ sein wollen, sollten warten, bis ihr führender Markt ihre Waren einführt und sie dann Fehler oder Mängel in ihnen beheben.
3. abhängige Strategie auf der Grundlage dieser Strategie, Organisationen sind nicht neue Produkte, sondern in Bezug auf die Kundenaufträge.
4. Nachahmungsstrategie: Menschen und Organisationen, die diese Strategie verfolgen, ahmen die Innovationen und erschwinglichen Angebote anderer vollständig nach.
5. Die traditionelle Strategie: die optimale Strategie von Einzelpersonen und Organisationen, die in hohem Maße von der Tradition abhängig sind und den Status quo ändern wollen, um die Kosten zu senken
6. Opportunities -basierte Strategie: realistische Strategie Fans sind auf der Suche nach der Möglichkeit, für spezifische Marktanforderungen mit ihren Lösungen können sie Gelegenheit zu schaffen.

Wege zur Umsetzung von Innovationsstrategien

Es gibt verschiedene Möglichkeiten, wie Unternehmen ihre Innovationen umsetzen können. Zusammenfassend kann man sagen, dass einige davon sind:
• Innovation durch Mitarbeiter (Menschen) Innovationsstrategie Leistung erfordert Mitarbeiter und Führungskräfte, die neue Ideen und Risiko sind.
• Innovation durch Kunden: erfolgreiche Innovationsstrategien, die auf die Bedürfnisse des Marktes eingehen.
• Innovation durch Führung, Innovation und Leistung der Organisation hängen von der Führung ab.
• Innovation durch die Organisation: Die Organisation bildet den Hauptbereich für Innovation und den Rahmen für die Strategieumsetzung. Unbürokratische Strukturen, mehr Innovation.
• Innovation durch Kultur: Eine wirksame Kultur wird als wirksamer Rahmen für Kreativität und Innovation angesehen.

Die Kultur besteht aus Wertesystemen, Überzeugungen und Ideologien, die in der Einrichtung herrschen / Wertesysteme werden durch Werturteile, Wahl, Auftrag, Zweck und Wirkungsstrategie ausgedrückt. Sie können zum Beispiel Innovationsaktivitäten fördern oder verhindern. Einige der wirksamen Werte sind der "individuelle oder kollektive Glaube an das Beste und der Glaube an die grundlegende Notwendigkeit von Innovation".

Die grundlegende Aufgabe des Managements besteht darin, eine wirksame Teamkultur zu schaffen, damit sich die Innovationstätigkeit entwickeln kann.

Strategisches Management von Innovationen

Innovation hängt natürlich von den Menschen ab. Die Menschen in den Organisationen denken entgegen den gängigen Gewohnheiten der Menschen und sind risikofreudig. Innovation hängt auch von der Kultur und dem Management ab, die es ihnen ermöglichen, ihre Innovation zu verwirklichen.

Im Rahmen des strategischen Managements muss die Innovation die wichtigsten Möglichkeiten für innovative Verarbeitungseinrichtungen ermitteln. Daher ist eine strategische Wahl ein Mittel, durch die, Quellen der Innovation, Markt Wettbewerb und tragfähige kommerzielle Realität, dreht und schließlich zu einer höheren Produktivität führen. Eine erfolgreiche Innovationsstrategie hängt von einem Instrument ab, das Einzelpersonen und Organisationen Innovation und Strategien vermittelt.

Strategischer Prozess des Innovationsmanagements

Strategisches Management von Innovationen erfordert den Einsatz von Prozessen, einschließlich der strategischen Analyse, und die Umsetzung von Innovationen, die diesen Prozess mit der nächsten Seite zeigt (Haj Karimi, 1994)

Kapitel 3
Kreative Menschen

Die Organisation selbst wird kreativ und innovativ sein, aber die kreativen Individuen mit spezifischen Eigenschaften bilden den Kern der Organisation. Guildford (1957) meint, dass kreative Menschen flexibel sind.

Kanchrv und Petras (1984) sind der Meinung, dass kreative Menschen zu Unabhängigkeit und Nonkonformität neigen, wenn sie Befehle erhalten, die ihren Wünschen zuwiderlaufen.

Rezaeian (2000) zitiert Gary Steiner, der die Eigenschaften von kreativen Menschen kennt:

1. Sie prüfen sorgfältig den Stand der Dinge in einer Weise, die sich von der anderer Personen unterscheidet.
2. Sie teilen sich gegenseitig ihre Ansichten, Gedanken und Erfahrungen mit und bewerten sie nach ihren Stärken und Schwächen.
3. sie mehrere alternative Lösungen für ein Problem vorschlagen, bedeutet dies, dass sie über ein gesundes Denken verfügen
4. Zweifel an der Echtheit ihrer bisherigen Annahmen, die gültig sind und sich nicht auf die intellektuelle Unabhängigkeit beschränken
5. er kann mit seinem Verstand und seiner geistigen Einsicht sehr viel erreichen
6. er kann Denk- und Handlungsprozesse sehr flexibel anwenden.

Saatchi (1992) drückt die Merkmale und Eigenschaften kreativer Menschen in anderer Form aus, die auf der nächsten Seite vorgestellt wird.

Bagheri Zade (1995) sagt am Ende der Diskussion über die Merkmale kreativer Menschen:
Ein kreativer Mensch weist in der Regel die folgenden Merkmale auf:
Begabter als andere, ist sein Interesse an Wissenschaft, Kultur, Kunst und Gesellschaft sehr hoch und die Bandbreite seiner Informationen ist groß. Über abstrakte Themen im Vergleich zu konkreten Themen denkt er besser und tiefer und ist sozial und politisch sensibel. Er ist flexibel und humorvoll. Er äußert gerne seine Meinung in der Debatte, besteht aber nicht auf seiner Meinung, er ist sehr neugierig und risikofreudig und nicht egoistisch, er kümmert sich um das Schicksal anderer. Er strebt nach Unabhängigkeit und hat emotionale Stabilität, er ist verantwortlich für sich selbst und andere, und er ist innovativ im Denken und Handeln. "

Bei der Untersuchung der Merkmale und Eigenschaften kreativer Menschen in der wissenschaftlichen Literatur, in der Psychologie, im Management und in anderen verwandten Wissenschaften können diese Merkmale wie folgt unterteilt oder klassifiziert werden.

1. kognitive Merkmale von kreativen Menschen und Innovatoren
Die demografischen Merkmale der Kreativität, unter Berücksichtigung der Merkmale und Eigenschaften, die die geistige und intellektuelle Kreativität ausmachen. Denn wie wir wissen, eines der Elemente der Kreativität, geistige und kognitive es.
Rezaiyan (2000) weist in Bezug auf Wissen, Intelligenz und geistige Fähigkeiten darauf hin, dass kreative Menschen viele Jahre damit verbringen, sich Wissen anzueignen und ihr Lieblingsthema zu beherrschen. Kreative Menschen haben keinen hohen IQ und sind sehr sensibel, was Probleme angeht, und sind flexibel, wenn es darum geht, fließende Beziehungen zwischen Dingen herzustellen. Die wichtigsten kognitiven Symptome bei kreativen Menschen sind: Neugier, Spiel mit Ideen, Voraussicht und Prognose, ungewöhnliche Gedanken, glückliche Gedanken und Sinneswahrnehmung.
2. Die Persönlichkeitsmerkmale von kreativen Menschen und Innovatoren
Das Verständnis der kognitiven Merkmale kreativer Menschen würde nicht dazu führen, die Kreativität dieser Menschen zu erkennen. Daher ist es notwendig, kreative Persönlichkeitsmerkmale oder Symptome zu berücksichtigen. Persönlichkeitsmerkmale wie Motivation, Emotionen, Gefühle, Einstellungen, Interessen und soziale Gewohnheiten sollten berücksichtigt werden. Barron und Harrington (1981) haben mehrere Studien über kreative Menschen und ihre Kreativität durchgeführt, um die grundlegenden Eigenschaften zu ermitteln. Die Forscher glauben, dass kreative Menschen die folgenden Merkmale aufweisen:
Kreative Menschen legen Wert auf Schönheit und ein breites Spektrum an Interessen, sie fühlen sich von Komplexität und hoher Energie angezogen und handeln unabhängig von anderen Urteilen. Sie haben intuitive Fähigkeiten, ein hohes Selbstvertrauen, die Fähigkeit, widersprüchliche Eigenschaften in ihre Persönlichkeit zu integrieren und ein klares Verständnis von Kreativität (.M, 1995)
Shoari Nejad (1991) sagt: "Zu den grundlegenden Persönlichkeitselementen der Kreativität gehören physische Eigenschaften wie Optimismus, schöpferische Vorstellungskraft, die Fähigkeit, Emotionen auszudrücken, die Betonung ästhetischer Faktoren, Interesse und vielfältige Interessen auf der Suche nach Spannungen und Konflikten, Angst, Mangel an Umgang mit Widersprüchen und Unterschieden. "
In einer anderen Studie vorgestellt, kreative Personen, besonders anfällig, dass unabhängige, Nonkonformist, ungewöhnlich, und sogar Außenseiter, sie sind wahrscheinlich zur Unterstützung der breiten Interessen, um neue Erfahrungen, treffen prominente Verhaltens-und kognitive Flexibilität und Mut sind mehr Risikobereitschaft (Zucker jetzt, 1998)
Abschließend können wir sagen, dass die herausragendsten Persönlichkeitsmerkmale der Kreativität folgende sind: seine Ehrlichkeit und Selbstorganisation, Humor und Offenheit, Engagement und Disziplin, Altruismus und Einfachheit der Umgangsformen, Toleranz und Kampfkraft, breite Interessen, der Wunsch nach Veränderung, Ausdauer und Attraktivität (Pirkhaefi, 2000)
Afrooz (1997) hat die Merkmale kreativer Menschen in den kognitiven, emotionalen und motivationalen Dimensionen wie folgt beschrieben:

- Neugierde
- Smart
- Weitsichtigkeit

-Liberal
- Originalität
- Klarheit und Gewissheit
- Mitläufer oder nicht konsequent
- Freude am logischen Denken
- Beharren auf Themen von Interesse
- Freude an außergewöhnlicher Phantasie
- Sensibilität für Innovationen
- Stabilität der geistigen Aktivität
- Sinn für Humor
- Unternehmungslustig sein
- Selbstdisziplin

-Selbstvertrauen
- Originalität
- unabhängiges Urteilsvermögen
- Redegewandtheit
- Als beliebte Standorte
- das Bedürfnis nach Autonomie
- Verwertung von Themen und Ideen
- Zentrifugalkanal spezifiziert für mentale
- Fragen zu den Normen und Vorstellungen
- phantasievolle Aktivitäten realen Ereignissen vorziehen

Nach keras, Persönlichkeitsmerkmale, die das Beste aus ihrer kreativen Leistung zu machen, einschließlich der folgenden Merkmale:

-Unabhängigkeit
- Flexibilität

-Beharrlichkeit
- Neugierde

-Kreativität
- Ausdruck
- Ambiguitätstoleranz
- Einblick
- Gefühl der Sicherheit
- persönlicher Mut
- Motivation
- anormales Verhalten
- Viel Spaß beim Ausprobieren
- Empfindlichkeit
- tolerant gegenüber Ausrichtungsfehlern
- Humor und Esprit

- Atemkontrolle
- Risikobereitschaft
- Experimentierfreudigkeit

-Selbstvertrauen
- Neigung zu komplexen Aufgaben

Letztlich muss man zwei Dinge berücksichtigen: Erstens haben kreative Menschen nicht alle Eigenschaften, die für eine Person notwendig sind, und einige haben vielleicht nicht einmal einige der Merkmale kreativer Menschen. Ein weiterer Grund ist, dass die Dimensionen des menschlichen Verhaltens (kognitiv, emotional, sozial, etc.) in Beziehung zueinander stehen, so dass in der Praxis nicht leicht definierte Grenzen in Betracht gezogen werden können, was auch für kreatives Verhalten gilt.

Kapitel 4
Der Vergleich der verschiedenen akademischen Methoden

Adoptive Vergleich verschiedener akademischer Methoden auf die Kreativität der Studenten im Fach Wahrnehmung und Aussage der Architektur (Beispielfall der Studenten der Azad Islamic University Tehran West Branch)

Abstrakt

Die Schüler sind die Retter der Zukunft, die in hervorragender Weise geführt werden müssen, indem man ihnen während ihrer Ausbildungszeit und danach für ihre Zukunft ein Vorbild ist. Die Förderung von Kreativität und Motivation bei Schülern und Lehrern ist ein Schlüssel zur Verbesserung der Qualität der Ingenieurausbildung.

Daher wird in diesem Aufsatz zunächst der Begriff der Kreativität definiert, dann werden verschiedene Faktoren für die geistige Kreativität der Schüler im Fach Wahrnehmung und Aussage der Architektur erörtert, dann wird das Fach Wahrnehmung und Aussage der Architektur vorgestellt, und anschließend wird durch eine spezifische und getrennte Betrachtung der verschiedenen Bildungsschwerpunkte und deren Vergleich auf zwei verschiedene Arten das angemessene Feedback der Kreativität in dieser Unterrichtsstunde aufgezeigt.

Das Ziel dieser Untersuchung ist es, den Grad der Kreativität zu messen und den Vergleich der Ergebnisse in zwei verschiedenen Unterrichtsformen zu untersuchen. Zu diesem Zweck wurde ein Test zur Messung der Kreativität von achtzig Studenten des ersten Semesters der Azad Islamic University Tehran West Branch durchgeführt. Dann wurden die Ergebnisse mit Hilfe von Excel und Spss analysiert.

Die verwendete statistische Populationsanweisung war "ANOVA" und je nach Test wird F berücksichtigt.

Die Ergebnisse zeigen, dass ein bedeutsamer Zusammenhang zwischen den Lehrmethoden des Master of Engineering und dem Ausmaß der Kreativität der Schüler besteht, wobei das Ausmaß der Kreativität der Schüler bei der schülerzentrierten Methode größer ist.

Einleitung:

Die Schüler sind fertige Produkte, künftige Unterhaltsberechtigte und Führungskräfte in der Warteschlange, die in der Zeit der Ausbildung und danach in der Exzellenz durch Mentoren geführt werden müssen. Denn mangelnde Motivation der Schüler führt zu akademischem Versagen und vermindert das Lernen.

Zu diesem Zweck untersuchen wir in diesem Aufsatz die Auswirkungen verschiedener Faktoren auf die geistige Kreativität von Schülern im Bereich des Verständnisses und des Ausdrucks von Architektur.

Das Ziel dieser Untersuchung ist es, den Grad der Kreativität zu messen, indem die Ergebnisse zweier verschiedener Lehrmethoden miteinander verglichen werden.

Zunächst führen wir in das Thema Verständnis und Ausdruck von Architektur ein und dann werden wir durch die Spezifizierung und Trennung verschiedener Lehrmethoden und deren Vergleich zwei verschiedene Methoden für ein angemessenes Feedback der Kreativität in diesem

Fach aufzeigen

Der Unterrichtsplan wird durch den Vergleich der Ergebnisse der Unterrichtsschwerpunktmethode bei Studenten des ersten Semesters der Azad Islamic University Tehran West Branch untersucht.

Titel Literatur:

Eines der wichtigsten Themen in der allgemeinen und beruflichen Bildung ist es, die Motivation der Schüler zu fördern und ihr kreatives Denken anzuregen. Kreative Arbeit ist eine Handlung, die neu ist und neue und andere Ideen liefert.

Die meisten Psychologen sind sich einig, dass Kreativität zu neuen, wertvollen und effizienten Leistungen führt. Geschicklichkeit, Fachwissen und Motivation sind die Hauptelemente der Kreativität. Ein Talent mit Fachwissen kann ein kreatives Ergebnis hervorbringen. Ein kreativer Mensch mit innerer Motivation, dem Wunsch nach Erfolg und dem Engagement für seine Arbeit kann leicht durch die Entwicklung des Themas vorankommen.

Die Entwicklung innovativer Lehrmethoden für Schüler ist eine wichtige und wirksame Maßnahme im Bildungswesen, die den Schülern bei der Erarbeitung von Lösungen für Probleme helfen kann, um ideale Lösungen zu finden. Die Motivation der Schüler hängt von ihren Fähigkeiten, ihrer Umgebung, ihren Ermutigern und ihren Lehrern ab. (Mehdizad, 91) Mansourian nennt im Falle der Kreativität folgende fünf Innovationsstufen:

1-persönliches Wissen schafft offensichtliche Lösungen.

2-Wissen innerhalb der Partnerschaft bietet eine leichte und gute Lösung.

3-Knowledge Twin Expertise hat eine allgemeine und gute Lösung.

4-Wissen über Fachwissen kann neue Ideen und Definitionen hervorbringen.

5 - Alle Informationen können zur wissenschaftlichen Entdeckung beitragen (Mansourian, 2006).

Überprüfung der schülerzentrierten Lehrmethode:

In diesem Stil finden zahlreiche Übungen während der Sitzungen im Semester statt und ihre Ergebnisse werden anhand von 5 Hauptachsen, die im Unterrichtsplan vorhanden sind, bewertet.

Bei einem solchen Ansatz muss der Lehrer:

1- Weisen Sie auf die wichtige Rolle der Bibliothek und ihre Bedeutung für die Beantwortung der Fragen hin.

2- Erstellung einer Liste verschiedener Referenzen, die in der Stadt oder dem Bundesland, in dem er unterrichtet, verfügbar sind.

3 - Indem er verschiedene Referenzen im Unterricht verwendet und sie den Schülern vorstellt, zeigt er sich als Forscher, der ständig auf der Suche nach neuen Referenzen ist, und sollte mit den Schülern über die korrekte Verwendung von Referenzen diskutieren.

4 - Während des Unterrichts sollte im Rahmen der Diskussion über die Lektionen darüber gesprochen werden, wie diese mit der Umwelt, der Kultur und der Wirtschaft verknüpft werden können und auch darüber diskutiert werden.

Die Bewertung dieser Methode ist ebenfalls unterschiedlich, und die Lehrer sollten für jeden Schüler eine Fallstudie erstellen, in der sie ihre Aktivitäten protokollieren und ihre Arbeit anhand einer Checkliste bewerten.

Eines der Hauptelemente dieses Ansatzes sind Forschungsprojekte. Das Ziel der Präsentation dieses Teils ist es, kritisches, kreatives Denken zu fördern. Diese Forschungen bieten den Schülern die Möglichkeit, eine sinnvolle Beziehung zwischen dem, was sie studieren, und der realen Welt um sie herum herzustellen.

Diese Forschungen verstärken seine Fähigkeiten und Einstellungen und entwickeln seine Auseinandersetzungen über das Klassenzimmer hinaus. Außerdem werden die Schüler in ihre häusliche Arbeit, in das Schreiben und Sprechen, in soziale Fragen im Zusammenhang mit der Wissenschaft und in ihre eigenen Entscheidungen einbezogen, bei denen die wissenschaftlichen Grundlagen eine wichtige Rolle spielen.

Werkzeuge und Arbeitsblätter wie Bücher, Presse, Karten, Globus, Fotos, Diagramme, Puzzles, Tabellen, Diagramme, Bilder, elektronische Bilder, Videos, Modelle, Maquette, Radio, Fernsehen, Computer und .... machen die Schüler aktiv im Klassenzimmer und machen den Lernprozess in einer effizienteren Situation passieren und auch die Schüler begeistert und der Hintergrund wird bereit für die Partnerschaft der Schüler.

Der Ansatz dieses Programms ist eine Zusammenstellung von ressourcenbasierten und handlungsorientierten Ansätzen. Tatsächlich ist das Lernen die Achse und wird durch die Zusammenstellung dieser beiden Ansätze stärker hervorgehoben und bringt die Schüler dazu, sich mehr um geistige und wissenschaftliche Aktivitäten zu kümmern, verbessert auch ihre Fähigkeiten beim Suchen, Beobachten, Hypothesen aufstellen, Problemlösen, Brainstorming, Kreation usw. und schließlich lernen die Schüler, wie man im Lehrprozess lernt.

Um die Qualität der Bildung wiederherzustellen und zu stärken, wird in diesem Aufsatz auf die Faktoren der Kreativität der Schüler geachtet.

Überprüfung der auf den Unterricht ausgerichteten Methoden

Eine der Voraussetzungen für die Ausbildung ist ein tiefgehendes, konstantes Lernen, das Interesse und Motivation für den Unterricht weckt.

Die meisten Schüler betrachten einen Kurs als reinen Zeitvertreib und zeigen kein großes Interesse daran, weil sie Probleme haben, die Lektionen zu lernen.

Der Lehrstil spielt eine wichtige Rolle bei der Erfüllung von Lernbedürfnissen und der Schaffung von Motivation. Bei der traditionellen Lehrmethode an Universitäten, die als lehrerzentrierter Stil bezeichnet wird, werden alle Blogs nur von einem Sprecher und einem Lehrer vorgetragen, so dass die Studierenden alle Blogs aufnehmen und auswendig lernen müssen.

Forschungen haben ergeben, dass bei traditionellen Lehrmethoden das Auswendiglernen von Informationen durch die Schüler maximal 8 Monate dauert und danach vergessen wird und wiederholt werden muss. Auch das Unterrichten einer Lektion in Form einer Vorlesung durch den Lehrer ist nicht gleichbedeutend mit dem Lernen des Schülers, denn in der Tat ist das Lernen der Erwerb einer Art von Fähigkeit und Wissenschaft und deren Anwendung in der Praxis, so dass es auch nach dem Verlassen der Universität und der Abwesenheit des Lehrers andauern sollte. Studien zeigen, dass bei der unterrichtszentrierten Methode die Wirkung der Vorlesung auf die Ausbildung des Verstandes, die Förderung der Motivation und die Veränderung der Einstellung geringer ist als bei anderen Lehrmethoden. (Panje Gießen, 201190)

Die Erziehung in diesem Stil basiert auf direktem Training, Nachahmung und zentraler Übertragung. Dabei wird die Rolle der Kreativität ausgeblendet (Angula.1998).

Kreativität

Es ist ein wichtiges Wort in der kreativen Ausbildung und Erklärung des Entwurfsprozesses. Die Anerkennung und Definition von Kreativität kann zu einer besseren Wahrnehmung und zu einem erfolgreicheren und umfassenderen Prozess im Architekturdesignprozess führen. Kreativität kommt von dem Verb schaffen und bedeutet machen.

Professor Ali Akbar Dehkhoda sagt in seiner Definition von Kreativität: "Kreativität ist das wichtigste Adjektiv Gottes, und Kreativität ist eine Kraft, die die Herstellung exquisiter Gesichter bewirken kann" (dwhkhoda.201147.p:677). Omar Faruque führt Kreativität als eine besondere, bessere und geeignetere Antwort zur Lösung der Frage ein. (faruque,1984)

Die deskriptive Kultur der Psychologie schreibt jedoch in der Definition der Kreativität: Kreativität bezieht sich auf die Fähigkeit, ungewöhnliche und qualitativ hochwertige Lösungen für Fragen zu finden. (isenk,2000)

Nach dieser Definition ist eine kreative Person eine Person, die bereitgestellte Daten und direkte Informationen auf eine neue Art und Weise umsetzt, mit anderen Worten, Kreativität ist die Fähigkeit, nicht offensichtliche und neue Lösungen zu finden, die den Bedürfnissen besser gerecht werden als herkömmliche Lösungen (Edwards, 1998).

Gilford (1934) ist der Ansicht, dass es keine Kreativität gibt, solange der Mensch nicht auf ein Problem stößt und sein Leben damit verbringt, Probleme zu verdrängen und von Gewohnheiten zu leben. Wenn er jedoch auf ein Problem stößt und es lösen will, werden der geistige Prozess und die Handlungen, die zur Lösung des Problems eingesetzt werden, als Kreativität bezeichnet. Je intelligenter der Mensch ist, desto neugieriger ist er. Kreativität basiert auf Neugierde. Eigentlich divergente Neugier, nicht konvergente.

Heutzutage und in den folgenden Jahren wurde diesem Thema viel Aufmerksamkeit geschenkt, aber es scheint, als ob die Denker immer noch viele Diskussionen über Kreativität und ihre Definition haben. Jeder von ihnen hat sie auf eine andere Weise definiert. Zum Beispiel sagt Warn (1934) über die Definition von Kreativität: Kreativität ist ein Teil des menschlichen Schöpfers, der in der Vergangenheit unbekannt war.

Stein (1962) definiert Kreativität wie folgt: Kreativität führt dazu, ein neues Werk zu schaffen, das von einer beträchtlichen Gruppe von Menschen als etwas Vertretbares, Nützliches, Befriedigendes und Akzeptables angesehen wird.

Eysenck (1979) sagt: Kreativität ist die Fähigkeit, neue Zusammenhänge zu erkennen, ungewöhnliche Ideen zu entwickeln und sich von traditionellen Denkmustern zu lösen (Behrouzi, 201175).

Torrance (1959) (zitiert nach Kefayat, 1994) definiert Kreativität folgendermaßen: Kreativität ist ein Prozess, der die Sensibilität für Probleme, Engpässe, Zwänge und Ungereimtheiten einschließt, wobei diese Sensibilität durch die Entdeckung eines oder mehrerer Probleme und die anschließende Suche nach Lösungen für die genannten Probleme und die Aufstellung von Hypothesen zu diesem Zweck entsteht. Danach werden die besprochenen Hypothesen und die darauf basierenden Lösungen getestet und gegebenenfalls überarbeitet, so dass die Ergebnisse dieser Untersuchung schließlich veröffentlicht werden (Kefayat, 1994).

Marksperry (1992) (zitiert nach Behrouzi, 201175) sagt: Das Ergebnis der Kreativität ist entscheidend, und zwar nicht nur dann, wenn die kreative Person etwas präsentiert, das es in der Vergangenheit nicht gab, sondern auch die Neuerfindung wird als eine Art von Kreativität betrachtet. Nach dem Votum des Denkers können gültige Definitionen von Kreativität in vier Gruppen eingeteilt werden: Vielleicht bedeutet Kreativität vom kreativen Standpunkt aus, dass die Physiologie des Menschen wie Gewohnheiten oder seine Werte beachtet werden. Kreativität kann auch durch geistige Prozesse wie Stimulation, Wahrnehmung, Lernen, Denken und Kommunikation bestimmt werden, die sich in der Handlung des Schöpfers zeigen. Die dritte Definition von Kreativität wird durch kulturelle und umweltbedingte Einflüsse bestimmt. Schließlich kann Kreativität anhand ihrer Ergebnisse wie Theorien, Erfindungen, Gemälde usw. erkannt werden (Behrouzi, 201175).

Das kreative Konzept ist weiter gefasst als das kreative Denken. Kreatives Denken kann als ein Teil der Kreativität betrachtet werden. Laut Torrance setzt sich Kreativität aus drei Teilen zusammen: kreatives Denken, Fähigkeiten in Bezug auf das Thema und innere Motivation. Beim Zusammentreffen dieser drei Faktoren kommt es zum kreativen Akt der kreativen Person (ghasem zadeh, 201175). Diese Kreativität hängt also von drei Dingen ab: 1-Fähigkeiten in Bezug auf das Thema, 2-Fähigkeiten in Bezug auf die Kreation, 3-interne Motivation (Hosseini, 201187).

Wirksame Faktoren für Kreativität

Fähigkeiten im Zusammenhang mit dem Thema:

Bedeutet, dass die Person konzentriert sich auf ein bestimmtes Thema, weil durch eine tiefe Wahrnehmung des Themas wird in der Lage sein, über neue und innovative Lösungen zu denken, um das Problem in diesem Ausmaß zu lösen. was wichtig ist, über diesen Fall ist die Gewinnung von Daten und erforderliche Wissenschaft auf diesen Fall. diese Fähigkeiten, die Anerkennung der technischen Fähigkeiten Thema für die Durchführung von Arbeit und das Talent in diesem Hintergrund sind abhängig von Anerkennung Fähigkeiten, motional Fähigkeiten, Wahrnehmungs-, angeborenen und Person das Lernen.(hosseini 201187 und ghasem zadeh 201181)

Fähigkeiten im Zusammenhang mit der Kreativität (kreatives Denken):

Wie Torrance sagt, ist das, was wir durch kreatives Denken in einer einfachen Sprache entwickeln wollen, die Wiederholung der Erfahrung "Oh" in jedem, besonders in den Schöpfern. Mit anderen Worten, Kreativität bedeutet "Oh, ich hab's" (Ghasem Zadeh 201175) Fähigkeiten im Zusammenhang mit Kreativität schließen geeignete Wege der Anerkennung, kreatives Denken Fähigkeiten und nützliche Methoden sind, die abhängig sind von Ausbildungen, Erfahrungen bei der Herstellung neuer Ideen und charakteristischen Geschmacksrichtungen. (hoseeini 201187)

Motivation

Interne Motivation liegt vor, wenn die Neigung, etwas zu tun, genau auf diese Sache zurückzuführen ist. Dann wird die Arbeit angenehm und interessant sein. was für die Kreativität

notwendig ist, ist die innere Motivation. wenn die Person die innere Motivation hat, wird sie nach Situationen suchen, die ihr gefallen und die sie brauchen, um ihre Kreativität einzusetzen.(ghasem zadeh201175)
Es gibt einen Zweifel, ob es möglich ist, die Kreativität zu entwickeln oder nicht.Psychologen glauben seit langem, dass es möglich ist, jedes Talent durch Übung zu trainieren und zu entwickeln.Rogers sagt, dass eine Situation notwendig ist, um die Kreativität zu trainieren.Er hat sie als "interne Kreativitätssituation" bezeichnet:

1. psychologische Sicherheit:
Dieser Schritt kann in drei miteinander verbundene Prozesse unterteilt werden:
Wenn wir die Person so behandeln, dass wir ihr zeigen, dass sie ihr Recht hat und sich selbst wert ist, unabhängig davon, wie ihre Situation oder ihr Verhalten im Moment ist, entwickeln wir Kreativität.
B-Vorbereitung einer Atmosphäre
eine Atmosphäre zu schaffen, in der es keine Bewertung von außen gibt. Wenn wir uns selbst nicht nach äußeren Maßstäben beurteilen, entwickeln wir die Kreativität. Wenn ein Mensch sich in einer Situation sieht, in der er nicht bewertet wird und nicht an äußeren Maßstäben gemessen wird, ist eine solche Situation unbegrenzt kreativitätsfördernd.
C-einfühlsames Verständnis:
Einfühlsames Verstehen und die beiden genannten Aspekte bieten mentale Sicherheit und sind eine Grundlage für die Entwicklung von Kreativität.

2-Psychologische Freiheit:
Wenn wir einem Menschen eine symbolische Gesamtschau erlauben, entwickelt sich Kreativität. Die psychologische Freiheit erlaubt es dem Menschen, über sein Innerstes nachzudenken, es zu fühlen und genau das zu werden.(Talente und Fähigkeiten der Kreativität und Wege, sie auszubilden -Torrance .Übersetzung: hasan ghasem zadeh .201175)
Einige andere Methoden der Kreativitätserziehung sind: geistige Entdeckungen, Rätsel, Unterhaltungen, schöne Künste, Schreiben als Übung für Kreativität, Üben, Probleme innovativ zu lösen und Lesen.
Wie der englische Philosoph und Schriftsteller Bacon im 16. Jahrhundert ([th]) feststellte, vervollständigt das Lesen den Menschen und nährt seine Vorstellungskraft. Um das Lesen optimal zu nutzen, sollten wir daher geeignete Themen für das Lesen auswählen (Hoseini, 1997).

Muster der Kreativitätsentwicklung
1-Suche nach Unähnlichkeiten: Nachdem wir beispielsweise eine wahrscheinliche Idee entwickelt haben, sollten wir nach Alternativen suchen, die zwar logisch sind, sich aber von der ersten Idee unterscheiden oder ihr entgegengesetzt sind.
2 - Vorhersage (gutes Denken): Meistens haben wir keine Ahnung von bestimmten Theorien oder wir wollen nicht akzeptieren, dass sie unbewusst zu unserem Verhalten und unseren Gewohnheiten führen. Eine der Möglichkeiten, solche Probleme zu lösen, ist das Training von Vorhersagen, die eine Art von Prüfung im Kopf sind.
3 - Überprüfung durch andere: eine weitere Möglichkeit, falsche Theorien zu erkennen, ist die

Aufforderung an andere, unsere Ideen zu überprüfen. viele Menschen vermeiden solche Dinge, eine Gruppe von ihnen akzeptiert es und eine Gruppe reagiert defensiv, wenn sie darauf trifft.

4 - Analyse von Fragen im Detail: Ziel ist es, unsere Idee in einzelne Teile zu zerlegen und uns so aus dem Druck der begrenzenden Theorie zu befreien

5-Analysieren von Problemen im Detail: Das Ziel ist es, unsere Idee in Einzelteile zu zerlegen und dadurch einschränkende Theorien beiseite zu legen. Diese Strategie zielt darauf ab, die Aufmerksamkeit auf Handlungen zu lenken, die meist nicht mit den Objekten verbunden sind. Zum Beispiel können wir über die verschiedenen Verwendungsmöglichkeiten eines Ziegelsteins Eigenschaften wie Farbe, Gewicht, Form oder die Tatsache, dass er einige Poren hat, erwähnen und ....

6 - Verwendung von Allegorien: Auch diese Option fördert das kreative Denken. Sie spielt eine wichtige Rolle in der Entwicklung von Wissenschaft und Technik. Wie die Erfindung des Drucks durch Göteborg, die auf Simulationen beruhte.

7- Nutzung der Gruppenposition, um die Produktion kreativer Ideen zu steigern: Eine der wichtigsten Eigenschaften dieser Treffen ist die Tatsache, dass die Themen mit Vorschlägen in einem völlig freundlichen und offenen Ansatz angenommen werden müssen. In solchen Sitzungen werden steile Ideen gefördert.

8 - Unterbrechung der Arbeit an einem Thema für eine gewisse Zeit und dann die Rückkehr zu ihm: Dies ist die Aktion, die Menschen manchmal das Gefühl, nach einer Zeit der Arbeit an dem Thema und ohne Erfolg, ihr Geist stoppt. Diese Angelegenheit ist nicht nur geistige Müdigkeit.

Der Mensch legt die Arbeit beiseite, weil ihm regelmäßig die alten Antworten in den Sinn kommen, und braucht deshalb eine Auszeit.

9 - Bemühung um Kommunikation: Um kreative Ideen zu entwickeln, sollten wir Ideen miteinander verbinden. Das kann in schriftlicher Form geschehen, denn Schriften bleiben nach Ablauf der Zeit erhalten und können mit stärkerer Bewertung gewünscht werden. Andererseits haben wir die Möglichkeit, unsere Ideen zu überprüfen und neu zu bewerten, wenn wir sie anderen zur Verfügung stellen und sie der Öffentlichkeit zugänglich machen. Das Schätzen hilft uns, unsere Ideen klarer und spezifischer zu definieren.

Zum Thema Kreativität wird ein Muster für die Erziehung im Klassenzimmer bereitgestellt. Dieses Muster umfasst drei Aspekte: Themen, Lehrmethoden, divergente und produktive Denkfähigkeiten. Dieses Muster füllt das Vakuum zwischen kognitivem und emotionalem Lernen (frühere Quelle)

Tabelle 6: Muster der Kreativitätsentwicklung (Quelle: Autor)

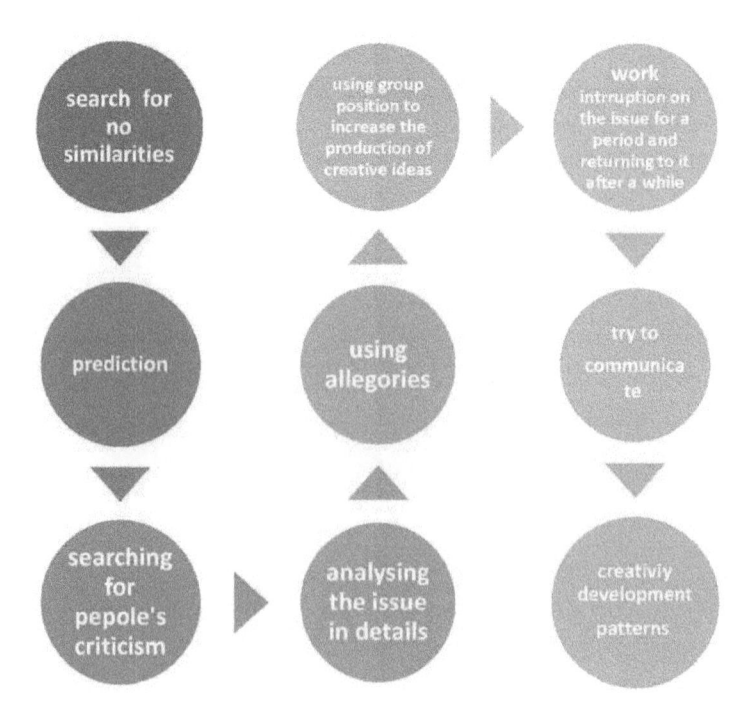

Die folgenden Fälle können als einer der angebotenen Stile in der Variation der Unterrichtsfächer genannt werden:

Verwendung von Konflikten , Verwendung von Allegorien , Beachtung bestehender Defizite in der Wissenschaft , Verstärkung des Denkens über Möglichkeiten und Möglichkeiten , Verwendung von Motivationsfragen mit Hilfe der Methode der Charakterliste , Verstärkung des initiierten Denkens , Gestaltung von Suchern , Beachtung der Bedeutung der Interpretation und....

Saunders betont in seinem Buch "Teaching Creativity by Metaphor": Um Kreativität zu trainieren, sollten die Schüler in der Lage sein, divergent zu denken, und vermeiden, dass sie stereotype und formgebende Aktivitäten ausführen. Diese Forscher, wie auch viele andere, erwähnen den Unterschied zwischen der Funktion der rechten und der linken Gehirnhälfte und glauben, dass die linke Hemisphäre in der Regel für konvergentes Denken verantwortlich ist.

Sie erwähnen, dass der rechte Teil des Gehirns die Gruppe von Aktivitäten steuert und verwaltet, die in die Kategorie des divergenten Denkens fallen. Diese Leute glauben, dass das Bildungssystem in allen Ländern sich nur darum kümmert, den linken Teil des Gehirns zu trainieren. Eine der Möglichkeiten, Kreativität zu trainieren, ist die Steigerung des Selbstvertrauens, denn je mehr das Selbstvertrauen wächst, desto mehr wächst auch die Kreativität.(kazemi,2011,84)

kreativität effloreszenz hintergründe

Mehrere Faktoren sind für die Entwicklung der Kreativität von Bedeutung. Zweifelsohne spielt die Familie die wichtigste Rolle bei der Kontrolle und Steuerung der Entwicklung von Phantasie und Kreativität.

Der Hintergrund für das Wachstum der Kreativität liegt in der Bereitstellung der notwendigen Gelegenheiten, Fragen zu stellen, neugierig zu sein und die Umwelt zu entdecken.

Das wichtigste Hindernis für die geistige Kreativität ist die Bedrohung und geistige Bestrafung. Kreative Menschen brauchen geistige Entspannung und ein starkes Selbstvertrauen. Neben der Familie ist der zweite wichtige Faktor die Universität, die eine wichtige Rolle bei der Entfaltung der Kreativität von Studenten spielt. Faktoren wie hohe Aufgaben, Auswendiglernen, die Erwartung, dass alle Studenten auf die gleiche Art und Weise lernen und nicht auf die Unterschiede zwischen den Menschen achten, und schließlich nicht in der Lage zu sein, die Eigenschaften einer Person zu erkennen, verringern die Kreativität. Wenn der Student sich an die Standards der Universität anpassen und ihnen zwangsläufig gehorchen muss, nimmt seine Kreativität ab.

Lehrmethoden

1.Versammlung von Studenten:

Auf diese Weise werden Informationen gesammelt und von den Schülern präsentiert. So kann festgestellt werden, wie viel die Schüler wissen. Diese Methode schafft eine aktive Position zum Lernen. Die Rolle des Professors in der Konferenz, leitete nur die Sitzung und vermeidet Diskussionen, die zur Ablenkung der Konferenz und deren logischen Ablauf führten.

2 Projekt-Methode:

Das Unterrichtsprojekt ermöglicht es den Schülern, Führung, Planung und Selbstregulierung zu fördern. Auf diese Weise können die Studierenden nach eigenem Interesse wählen und aktiv an der Lösung des Problems mitwirken. Auf der Grundlage dieser Methode lernen die Schüler, wie sie ihre reguläre Bühnenarbeit unterrichten können, und dies stärkt das Vertrauen der Schüler, weil die richtige Beziehung zwischen ihnen und dem Professor hergestellt wird. Letztendlich stärkt diese Sache die Zusammenarbeit, das Verantwortungsbewusstsein, die Disziplin, die Arbeit, die Geduld und die Toleranz gegenüber anderen sowie die für die Durchführung von Forschungsarbeiten erforderlichen Fähigkeiten der Schüler.

3 . Schüler und Lehrer Methode :
Das Hauptziel dieses Ansatzes ist, dass der Student Professor wird und dadurch neue und wertvolle Erfahrungen sammelt. Auf diese Weise kann in Abwesenheit von Experten eine große Anzahl von Studenten spezifische Fähigkeiten erlernt haben und eingesetzt werden.

4 . Frage & Antwort-Methode :
Manner Fragen und Antworten durch die umfassende Art und Weise, in der Professor, um über ein neues Konzept oder Ausdruck des gelernten Materials zu denken gefördert werden. Professor bei der Einführung in die Präzision Konzept in der Klasse oder etwas, um die Aufmerksamkeit der Lernenden zu gewinnen, um seine Manner Fragen und Antworten zu arbeiten und fördert auch die Lernenden, um über das Thema wissen. Es kann nützlich sein, die Materialien, die zuvor gelehrt wurden, oder ein gutes Instrument für die Bewertung eines umfassenden Verständnisses des Konzepts der Verfolgung zu überprüfen.

5 Ausbildungsmethoden:
In der Regel werden die Studierenden dazu ermutigt, ein Thema zu wiederholen oder zu nutzen, um das notwendige Fachwissen zu erwerben. Professor mit Ausbildung Manner, Studenten werden ermutigt, zu wiederholen oder Anwendung Konzepte Meinung.

6 .Diskussionsmethode:
Bei der Manner-Diskussion beteiligen sich die Schüler aktiv am Lernen und lernen auf diese Weise voneinander. Bei dieser Methode kann der Professor als Stimulans, Diskussionsstarter und Helfer eingesetzt werden. Der Professor bringt Fragen oder Themen ein, die die Schüler dazu anregen, ein Problem zu beantworten oder zu lösen.

7 . eine Exkursionsmethode:
Eine Exkursion ermöglicht es den Schülern, durch die Beobachtung von Natur, Ereignissen, Aktivitäten, Gegenständen und Menschen wissenschaftliche Erfahrungen zu sammeln. Schüler auf einer Exkursion können die Konzepte in ihrem Kopf besser diskutieren, indem sie die Fakten im Unterricht sehen.

Verbesserung der Methode des kreativen Denkens
Das Ziel dieser Methode ist es, das kreative Denken zu fördern, um Lösungen in besonderen Situationen zu finden, die gemeinsamen Traditionen zu folgen und den persönlichen und sozialen Horizont der Schüler zu entwickeln.
Der Lehrer stellt Fragen an die Schüler, aber die Antworten der Schüler sind völlig offen, der Lehrer muss den Schülern helfen, ihre Denkweise zu erweitern. Dieses Muster führt zu einem Wachstum der Kreativität, Innovation und Gruppenallianz.
Die Schritte zur Vermittlung des Musters für kreatives Denken sind:

1- Beschreiben einer neuen Situation mit Hilfe des Lehrers.
2-Direkter Vergleich auf eine Art und Weise, die der Lehrer von den Schülern beschreiben möchte (einfacher Vergleich von zwei Fällen oder zwei Definitionen)
3-Persönlicher Vergleich in einer Art und Weise, dass der Lehrer die Schüler zum direkten Vergleich anregt.
4- Vergleich von Analogien durch Schüler.
5- Erklären Sie den Schülern die Unterschiede.
6-Entdecke mit Hilfe der Schüler.
7 - Die Schüler geben die Ähnlichkeiten und Unterschiede der Analogien wieder. (naji-2011)

Einführung in das Thema der Architektur

Wahrnehmung und Aussage

In diesem Referat wird im Wesentlichen die Ausbildung der Architektur nach ursprünglichen und zielgerichteten Plänen erfolgen.

Dieses Fach umfasst Themen wie: Gestaltung von 3D-Volumina, Formentraining, Wahrnehmung, Schönheitserkennung und ....

Die Ausbildung ist so geplant, dass die Sensibilität des Tastsinns, des visuellen Sinns, die Formwahrnehmung und die Handfertigkeit gesteigert werden und die Wahrnehmung des schöpferischen Prozesses das Wachstum des persönlichen Talents der Schüler fördert. Die Grundlagen und Fundamente des Plans basieren auf einem Bildungssystem, das die Möglichkeit einer ausreichenden Freiheit zum Erfinden und Schaffen der Schüler berücksichtigt.

Wahrnehmung: Die Bedeutung der Sinne, insbesondere des Auges, bei der Wahrnehmung der Umgebung ist sehr wichtig, deshalb wird versucht, den Schülern beizubringen, wie sie effizient und elegant sehen und die Umgebung um sich herum aufmerksam wahrnehmen können.

Statement: Das Thema wird auf verschiedene Arten erklärt: beschreibendes Statement, schriftliches Statement, intersektionales Statement und ...

Dieser Job wird durch die Bereitstellung von Architektur-Instrumente, Bilder und Fotos, die Gestaltung freihändig, die Angabe shors Geschichte, Beschlag Videos und Dias, Folie und Modellierung angegeben.

Umwelt: Zusammenfassende Erklärung über den Raum um uns herum, übertragene Sinneseindrücke von ihm, die Wirkung der Sozialität und die Gegensätzlichkeit des Menschen als Einheit in der Öffentlichkeit für die Schüler.

Architektur: Die Schüler müssen über die Architektur, ihren eigenen Standpunkt dazu, künstlerische oder technische Aspekte dieses Fachs und die Gründe für die Wahl dieses Fachs berichten. (Nasir, 1932)

Methodik

Da es bei Forschungsprojekten finanzielle, zeitliche und personelle Beschränkungen gibt, wird der Umfang der zu untersuchenden Stichprobe begrenzt. Wenn die Masse der statistischen Gesellschaft nicht zu groß ist, muss die gesamte Gesellschaft untersucht werden, und es wird die Volkszählung verwendet, und wenn die Masse der statistischen Gesellschaft zu groß ist, wird eine Stichprobe verwendet und die Ergebnisse werden auf die gesamte Gesellschaft verteilt. In dieser Untersuchung werden quantitative und qualitative Methoden verwendet. Die für diese Untersuchung erforderlichen Informationen wurden mit Hilfe eines offenen Fragebogens eingeholt, und die Ergebnisse wurden anschließend durch eine Analyse ausgewertet. Die statistische Gesellschaft dieser Untersuchung umfasst die Studenten zweier Klassen der Azad Islamic University of Tehran -westliche Einheit, eine davon ist ein weißes Atelier und die andere ein blaues Atelier; und die Stichprobenmethode ist zufällig. Diese Studie ist eine Art der Amplitudenforschung. Nachdem die Fragebögen entworfen wurden, wurden sie unter den Studenten verteilt und nach der Beantwortung und Sammlung der Fragebögen wurden die erhaltenen Daten mit Excel und Spss analysiert. Eines der grundlegendsten Elemente der schülerorientierten Bildungsmethode ist der Ansatz des Forschungsprojekts. Das Ziel der Präsentation dieses Teils ist es, das kreative und kritische Denken zu stärken. Diese Forschungen bieten den Schülern die Möglichkeit, eine sinnvolle Interaktion zwischen ihren Kursfächern und der sie umgebenden Umwelt herzustellen. Diese Projekte stärken ihre Fähigkeiten und Einstellungen, erweitern ihr Engagement über das Klassenzimmer hinaus und beziehen die SchülerInnen in Hausarbeiten, Diskussionen in der Klasse, Schreiben und Sprechen, soziale Probleme im Zusammenhang mit der Wissenschaft und wichtige soziale und persönliche Entscheidungen ein, bei denen die Wissenschaft eine große Rolle spielt.

Bei der Untersuchung dieser beiden Methoden werden Unterrichtsobjekte und -mittel wie Bücher, Zeitungen, Karten, Globen, Bilder, Grafiken, Diagramme, Puzzles, Bildbeschreibungen, elektronische Bilder, Filme, Maquetten, Modelle, Radio, Fernsehen, Computer usw. verwendet. -... - das Lernen findet mit einem aktiven und quellenorientierten Ansatz in einer nützlichen Umgebung statt, und die Schüler werden zum Lernen angeregt und das Ausmaß ihrer Partnerschaft wird bereitgestellt.

Die Art und Weise ist, dass 40 Studenten der West Teheran Zweigstelle der Islamischen Azad Universität in 2 Gruppen bewertet wurden: Lehransatz und Studentenansatz. Ein 60 Punkte umfassender Fragebogen wurde auf der Grundlage des Architekturverständnisses erstellt, und jeder Option der Punkte wurde ein Code zugewiesen: Null für (a), eins für (b) und zwei für (c). Dann wurden die Punkte zusammengezählt.

In der ersten Sitzung wurden den Schülern Architekturwerkzeuge wie verschiedene Papiersorten, Pappen mit unterschiedlichen Gewichten, Bleistifte mit verschiedenen Maßen, Zeichenbrett, Tafeln, Cutter, Lineale und Zollstöcke vorgestellt. Während der Analyse der Schüler werden auch einige Übungen zum Selbstporträt durchgeführt. Die Diskussion und Analyse der Bilder kann zu einem kreativen und exquisiten Ausdruck bei den Schülern führen. In der zweiten Sitzung wurden die Schüler gebeten, ihre Merkmale zu zeichnen und zu Hause zu üben. Konzeptuelle Übungen spielen eine wichtige Rolle für die Kreativität der Schüler. In der dritten Unterrichtseinheit werden die Schüler aufgefordert, konzeptionelle Ideen mit Hilfe von Linien und Punkten zu entwerfen und die Bestandteile einfacher und komplexer Volumen zu identifizieren. Die Herstellung eines kreativen Würfels ist die nächste Unterrichtseinheit. Introvertierte und extrovertierte Konzepte mit nicht-architektonischen Materialien sind das Ziel dieser Unterrichtseinheit. In der fünften Unterrichtseinheit zeichnen die Schüler ihr Zimmer, um die

Definition des Lebensraums zu erfassen. Das Zeichnen des gesamten Zimmers und auch des Licht- und Raumplans, das Entwerfen eines architektonischen Elements und der Konfiguration sind Gegenstand der späteren Sitzungen.

Kreativitätsmessung und Torrance-Fragebogen zur Kreativität

Der Fragebogen zur Kreativität wurde 1992 von Lehrern der Universität von Kalifornien erstellt. Er umfasst 60 Fragen mit jeweils 3 Optionen: geringe, mittlere und hohe Kreativität. Die Summe der erreichten Punkte kann den Kreativitätsgrad einer Person angeben. Die Spanne dieses Tests liegt zwischen 0 und 120.

Tabelle 7: Punkte für Kreativität

	Punkte für die Kreativität
Sehr hohe Kreativität	100-120
Hoch kreativ	85-100
Medium kreativ	75-85
Wenig kreativ	50-75
Sehr wenig kreativ	Von 50 abwärts

Ergebnisse

Die Studie umfasste 80 Studenten sind kreative Exploration Maßnahme. Um zu überprüfen und zu vermeiden, mögliche Fehler durch das Ungleichgewicht in der Zahl, 40 Studenten und 40 Studenten der Klasse blau und weiß jeweils 50% der Stichprobe wurden ausgewählt und sie wurden untersucht und Kreativität. Verteilung der Kreativität in der weißen Klassenzimmer schülerzentrierten Unterrichtsmethodik (nach Tabelle 6) gleich 8 Menschen mit der Kreativität sehr hoch, 10 Menschen mit Kreativität, 10 Menschen mit Kreativität Durchschnitt, 12 Menschen mit kreativen niedrig 0 Menschen. In der Klasse blau mit bildungsorientierten (nach Tabelle 5), 3 Personen mit der Kreativität sehr hoch, 10 Menschen mit Kreativität, 14 Menschen mit Kreativität Durchschnitt und 2011 kreativen niedrig, jeweils 7,5 Prozent, 25 Prozent, 35% und 32,5% der Stichprobe zu berücksichtigen kleine und Kreativität jeweils 20%, 25%, 25% und 30% der Stichprobe zu berücksichtigen.

Creativity In Student-centered

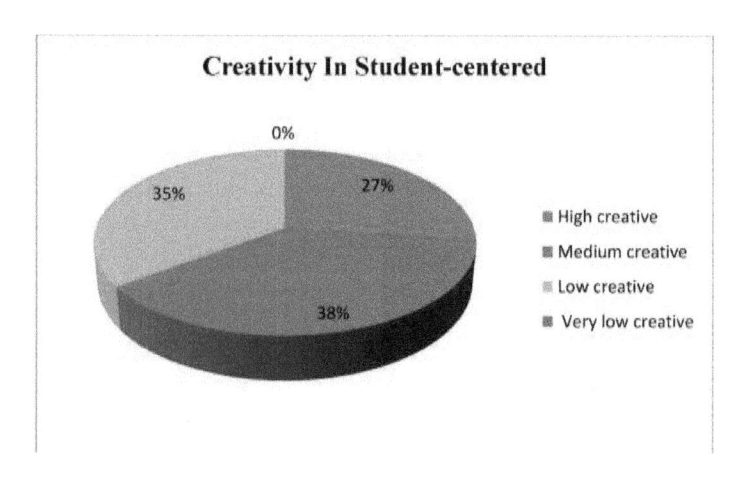

- High creative: 27%
- Medium creative: 38%
- Low creative: 35%
- Very low creative: 0%

Abbildung 2: Tortendiagramm zur Messung der Kreativität bei schülerzentrierten Methoden. (Quelle: Autor)

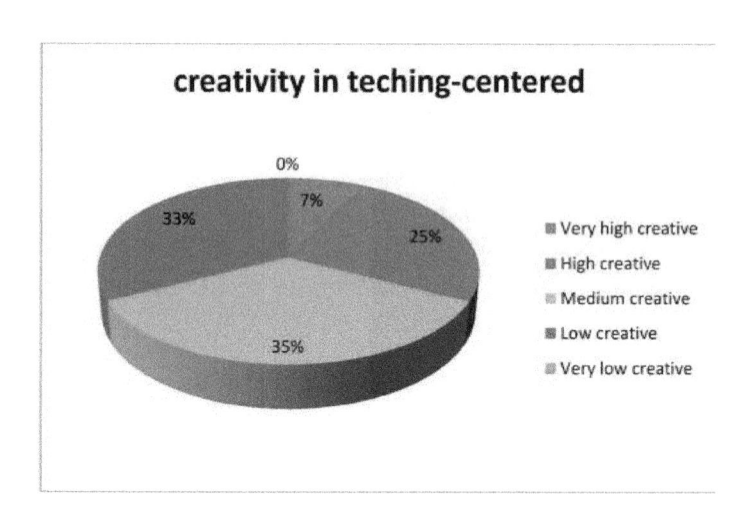

creativity in teching-centered

- Very high creative: 0%
- High creative: 7%
- Medium creative: 25%
- Low creative: 35%
- Very low creative: 33%

Abbildung 3: Tortendiagramm zur Messung kreativitätsorientierter Lehrmethoden. (Quelle: Autor)

Tabelle 8: Vergleich der Kreativität bei der schülerzentrierten und ergebnisorientierten Lehrmethode. (Quelle: Autor)

	Technik im Mittelpunkt	Studium im Mittelpunkt
Sehr hohe Kreativität	7.5%	20%
hochkreativ	25%	25%
Medium kreativ	35%	25%
wenig kreativ	32.5%	30%
Sehr wenig kreativ	0	0

Abbildung 4: Balkendiagramm zum Vergleich der Messung von Kreativität und des lernzentrierten, schülerzentrierten Ansatzes.
(Quelle: Autor)

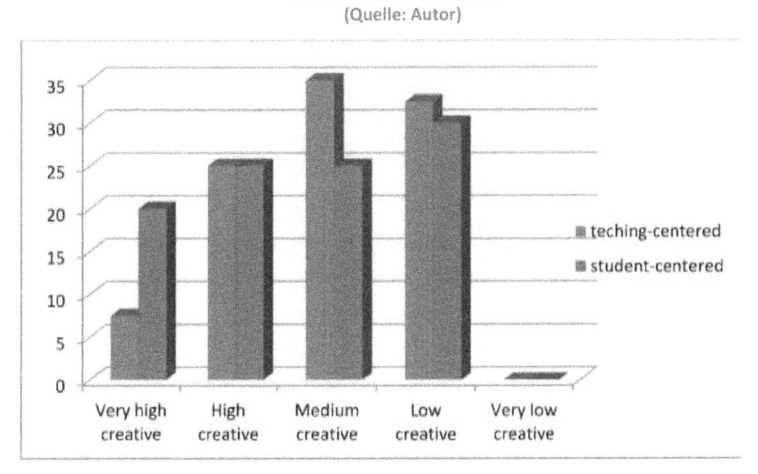

ANOVA Statistisches Verfahren

Die Varianzanalyse (ANOVA) ist eine statistische Standardmethode, die speziell für die Berechnung des Konfidenzniveaus verwendet werden kann. Bei dieser Methode wird die Informationsanalyse nicht richtungsbezogen durchgeführt, sondern der Konfidenzgrad wird durch Untersuchung und Analyse der Datenvariation berechnet. Bei dieser Methode können kontrollierbare und unkontrollierbare Faktoren analysiert werden, und sie wird für den Mittelwertvergleich von zwei oder mehr Gruppen verwendet. Der Wert der Streuverteilung der Varianzanalyse ist der signifikante Wert von 0,05 und kann den Unterschied zwischen den Gruppen bewerten. Die ANOVA beschreibt die Varianz der Daten und die Ausprägung der Varianz in einer Sammlung von Daten. In einer ANOVA zwischen den Gruppen zeigt die Summe der Quadrate die berechnete Varianz, die weggelassen wird, da die geschätzten Fehler unabhängig sind. Die Summe der Quadrate wird durch den Freiheitsgrad geteilt, um die mittleren Quadrate zwischen den Gruppen und innerhalb der Gruppen zu erhalten. Diese Werte ergeben schließlich den f-Wert. Die Wahrscheinlichkeit von weniger als f (<f) besagt, dass es einen Unterschied zwischen den Gruppen gibt, und die Wahrscheinlichkeit von mehr als f (>f) zeigt die Gleichheit der Mittelwerte zwischen den Gruppen an.

Schlussfolgerung

Den Ergebnissen zufolge werden die Kreativitätsniveaus von Studenten in zwei Architekturbibliotheken und nach verschiedenen Lehrmethoden durch die ANOVA-Methode verglichen. Die Ergebnisse zeigen, dass die Varianz zwischen den fünf Kreativitätsniveaus 255 für die Lehrmethode und 183 für die Schülermethode beträgt.
Wenn die Mittelwerte in der statistischen Grundgesamtheit K mit m_1, m_2 .....m_k bezeichnet werden, lautet die Hypothese der Gleichheit der Varianz:

H0: m1= m2=.=mk

H1: Mindestens der Mittelwert zweier Populationen ist unterschiedlich.

Daher ist die Summe der Gesamtquadrate gleich der Summe der Quadrate zwischen den Gruppen und innerhalb der Gruppen.

SST=SSA+SSW

$$MSE = \frac{SSE}{n-K}$$

$$MSK = \frac{SSK-}{K-1}$$

Mit dem F-Test Berechnungen, die in der oben genannten Freiheitsgrad von 1 und 6, bzw., um zwischen und innerhalb von Gruppen und berechnet das Verhältnis der Beugung kann sehen, die Zahl, die von F-Test mehr als der Anteil der Varianz ist ein Ergebnis der H0-Hypothese nicht abgelehnt wird und der Unterschied ist nicht statistisch signifikant Probe, mit anderen Worten die Beziehung zwischen der kreativen und sinnvolle Möglichkeiten der Lehre gibt.

Tabelle 9: Analyse der Varianz. (Quelle: Autor)

SUMMARY Anova : Einzelner Faktor				
Gruppen	Zählen Sie	Summe	Durchschnitt	Abweichung
Unterricht im Mittelpunkt	5	92.5	23.125	255.7291667
Studentenzentriert	5	80	20	183.3333333

Tabelle 10: Ergebnisse der Varianzanalyse. (Quelle: Autor)

ANOVA

Quelle of Variation	SS	df	MS		P-Wert	F Kritik
Zwischen Gruppen	SSK=19.53125	K-1=1	MSK=19.531 25	MSK÷MSE	0.77555298	5.987377607
Unter Gruppen	SSE=201117.1875	N-K=6	MSE=219,53 125			
Insgesamt	SST=201136.71875	N-1=7		0.088967972		

F	v.r.
	v.r.
0.088967972	$V.R = MSA \div MSW$
	0.088967972

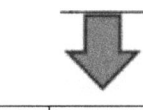

⬇

Ergebnis	f>vr

Nach der Forschung, die in diesem Papier, auf der Grundlage der pädagogischen Praktiken konzentriert sich auf die Bildung als ein Klassenzimmer in dieser Art und Weise ist auf die aktive Beteiligung der Schüler, Meister der Gruppe zu einer anderen Gruppe zu kommen und zu diskutieren, mit Management-Klassen und Studenten die Möglichkeit, mehr Verantwortung für ihr eigenes Lernen zu nehmen.

In anderen Fällen wird den Kindern die Möglichkeit gegeben, ihren Unterrichtsstil und ihre Arbeit in der Klasse zu präsentieren. Das Fernsehen und der Unterricht der Kinder während des Semesters werden die Dinge verändern und andere dazu bringen, mit ihnen zusammenzuarbeiten, um diese Aufgaben zu erfüllen, ist kein Rezept, sondern wird geschaffen.

Solche Bewertungspraktiken in gemischten Klassen. Die Bewertung des Problemlösungsansatzes, die Vorbereitung der Checkliste Fähigkeiten und Einstellungen, die Beurteilung und Bewertung der Leistung der Schüler in Bezug auf den Fall, indem sie sich auf den mündlichen Ausdruck und verschiedene Möglichkeiten der kontinuierlichen Entwicklung und abschließende Bewertung. Auf diese Weise der Lehre Studenten, sich frei auszudrücken und ihr Körperbild zu suchen, anstatt zu entdecken und zu erreichen Verständnis.

Die lehrorientierte Art und Weise auf der Grundlage aller Lehrpläne nur durch einen Dozenten und Professor der Rede und der Student muss bereit sein, es zu erhalten und den Inhalt zu erinnern. So schränkt diese Methode den Verstand des Schülers ein und hält ihn davon ab, über andere Dinge nachzudenken, da der Verstand des Lehrers näher am Mund des Schülers ist. Und das setzt die Kreativität auf ein niedrigeres Niveau. Daher, nach den Ergebnissen, effizienter schülerzentrierten Lehrmethoden und Studenten werden bessere Ergebnisse in der Bildung haben.

Referenzen
1. Advarz, B., 1998, entworfen von der rechten Gehirnhälfte", Übersetzung Arabali Sharveh, Erstdruck, Efaf Publikation, Teheran.
2. Edwards, B., 1999, The New Drawing on the Right Side of the Brain: The 1999. Penguin.
3. Afrooz, A., Kreativität, PTA, Peyvand-Veröffentlichung, gebundenes Papier, 241.
4. Anwari, H., 2002, Sprachkultur, Teheran, Sokhan publication.
5. Behroozi, N., 1996, The relationship between personality traits and creative relationship with the last variable of academic performance, Master thesis, Supervisor, Hussein suger kan, Faculty of Education and Psychology Shahid Chamran University.
6. Panjehpour, M., 2011, Iranian Journal of Medical Education, training and development of a healthy, Esfand.
7. Ysnk, M., 2000, "Eine Beschreibung des psychologischen Wissens", Ali Naqi, Erstdruck, Teheran.
8. Hosseini, A., 2008, The nature of creativity and how to nurture it, Mashhad, Behnashr publication.
8-Dehkhoda, AA., 1968, Wörterbuch Dehkhoda ", veröffentlicht von der Universität Teheran, Teheran.
9. Seif, A., 2007, Pädagogische Psychologie, Teheran, Agah Publikation.
10. Shams Nia, A., 2011, Vierteljährlich neue Ideen im Bildungswesen, vierte Ausgabe, Herbst.
11. Abedi,J., 1993, Kreativität und Anwendungen, Zeitschrift für psychologische Forschung, Band II, Nummer 1 und 2.
12. Verschiedene Bildungstechnologien und Lehrmethoden, Bildungsministerium Bezirk 9 in Teheran, www.tehranedu9 .ir.
2011-Ghasemzadeh, H., 1996, Talente und Fähigkeiten und Förderung ihrer Kreativität und Prüfung, Übersetzung Paul Torrance, Teheran, Donyaye Noor Veröffentlichung.
14- Ghasemzadeh, H., 1996, Alle erdachten und kreativen Talente, Übersetzung Alex Osborne, Teheran, Niloofar Publikation.
15- Ghasemzadeh, H. Azimi, P., 2002, Die Entfaltung der Kreativität von Kindern, Übersetzung Theresa, Teheran, Niloofar publication.
16- Kazemi, Mehrangize radius, 2005, Wege zur Förderung der Kreativität, Zeitschrift Marefat, Nr. 92, Imam Khomeini Education and Research Institute.
17-Kefayat, M. 1994, The relationship between parenting style and attitude with creativity and explore the relationship between intelligence and creativity with a Bachelor .Thesis Help Hussein Shekarkan.at university of Education and Psychology Shahid Beheshti University.
18- Zadeh, M., 2004, Persönliche Kreativität von Schülern, Zeitschrift für Lehrerentwicklung, Nr. 4, Nr. 187.
19- Memarian, H., 2011, "The new student-centered methods in engineering education in Iran", No. 52, Vol. XIII, pp. 21-1.

20- Karami, A., 2006, Education for creativity and innovation topics in universities ", Journal of Engineering Education, No. 32, Vol. VIII, S. 19-1.

21- Siraj Mehdi Zadeh, F., 2011, "Lessons Mikro-Programm Pathologie vorläufigen architektonischen Gestaltung, die Bedürfnisse der Studierenden in der Kursgestaltung ", Journal of Fine Arts Architektur und Städtebau, Band 17, Nummer 4, Winter, S. 7-61.22- Savior, Inspiration Sadat, Kreativität und wie es zu lehren, Teheran, Pädagogische Psychologie, Universität von Al-Zahra.

22-Hashemi, SH, 2010; "Content Analysis Of Selected Projects Innovation Conference on Educational Innovation", Journal of Educational Innovations, Nr. 36, in neunter Auflage, Winter .

23-Amabile, T. M.,1999, "Social Psychology of Creativity: A Consensual AssessmetTechnique", Journal of Personality and Social Psychology, Vol. 43.

24-Angula M. P. 1998, Nahaz, Higher Education and the Development Challenge in Emegent Nations in UNESCO-Paris 5-9 Octobr, Speech of NahasAngulaM.P.,Minister of Higher Education of Namibia.

25-Duffy,B.,1998, supporting creativity and imagination in Early Years, USA Buckingham,Philadelphia, Open University Press.

26-Faruque,omar., 2005, Grafische Kommunikation als Gestaltungsmittel, van nostrandreinhold .NY

27-Torrance, E. P. und K. Goff, 1999, "A Quiet Revolution", Journal of Creative Behavior, Vol. 23.

28-Angula M. P,1998, Nahaz, Higher Education and the Development Challenge in Emegent Nations in UNESCO-Paris 5-9 Octobr, Speech of NahasAngulaM.P.,Minister of Higher Education of Namibia.

More Books!

I want morebooks!

Buy your books fast and straightforward online - at one of world's fastest growing online book stores! Environmentally sound due to Print-on-Demand technologies.

Buy your books online at
www.morebooks.shop

Kaufen Sie Ihre Bücher schnell und unkompliziert online – auf einer der am schnellsten wachsenden Buchhandelsplattformen weltweit! Dank Print-On-Demand umwelt- und ressourcenschonend produziert.

Bücher schneller online kaufen
www.morebooks.shop

info@omniscriptum.com
www.omniscriptum.com

OMNIScriptum